傳說裡的心理學 1

—變形與狐仙—

諮商心理師 鐘穎 著

推薦序

在傳奇小說中探尋靈魂隱居的文化溪壑

這本《傳說裡的心理學》乃是鐘穎老師的力作。

全書分為三冊，主題分別是「變形、狐仙」、「異婚、冥戀」與「厲鬼、妖怪」。故事來源取材自中國的《太平廣記》、《聊齋誌異》、《搜神記》、《牡丹亭》、中國民間傳說，以及日本的《今昔物語集》等頗負盛名的民間傳說作品，其中不少故事都是大家耳熟能詳的段子，有的哀怨、有的曲折、有的變化莫測、有的離奇振動，不一而足，但是率皆反映牽扯了人性中真假難辨、善惡含混與愛恨交織的質素，因此單是故事本身就已具備了引人入勝的條件，閱讀經驗精彩可期。

不過我認為這些故事中所蘊藏的深度存在心理意義，一般讀者若是沒有適當的心理知識嚮導協助的話，要直接從閱讀中挖掘獲取，是會有相當難度的。這倒不是說讀者自己沒有能力從這些動人的傳奇故事中，感應其中委婉曲折的意境，或是從中提煉出自己的人生哲理感悟。我之所以會有如此的論斷，主要是因為這些傳奇小說與民間故事的屬性，傳統上都被定位在稗官野史、鄉野傳聞的角色上，作為茶餘飯後談話的素材尚可，但是要登大雅之堂卻難，這從作者的三冊書中大量引用的

《聊齋誌異》的書名，便可管窺一豹，因為書中故事皆被定位為「異」事，只是閒「聊」之資而已。

因此，這些傳奇故事絕對是傳統意義下的非主流經驗。然而，就深度心理學的觀點而言，它們都是已被社會化之後的自我意識排拒出去的經驗內容。它們是我們社會集體無意識中的陰影層，肯恩威爾伯（Ken Wilber）所謂的「生物社會帶」，也是深植於我們集體心靈意識之下的溪壑溝渠中，那些不斷幽微擾動的情欲暗流。準此而言，當我說傳奇小說與鄉野傳奇故事難登大雅之堂時，我並非是從外在的社會位階高低價值來定位它們，相反的，我是把它們看成榮格所謂人們邁向整體（wholeness）的個體化（individuation）過程中，整合心靈意識、向上提升不可或缺的一部分，也是邁向健康人格、心靈煉金的必經之路。

因為這牽涉到深度心理學的專業知識與心理工作的實務經驗，所以才會有前述讀者需要心靈嚮導伴讀本書的說法，但是要找到理論知識與實務能力兼具者來擔任此行的心靈嚮導並非易事。然而很幸運且難能可貴的是，長期愛好並浸淫在存在心理學與深度心理學知識領域，又同時是經驗豐富的資深諮商心理師的鐘穎老師，為我們擔綱了這個角色，使得這一趟心靈旅程變得生動精彩且豐富滋養。

我有幸先睹為快讀了鐘穎老師的大作，除了對他書中整合專業知識與實務經驗所凝練的詮釋見解，表示肯定讚嘆之外，對於他描述故事情節的巧妙細膩質地，更是深感佩服。這也讓這三冊書的可讀性大為提高，使讀者能在閱讀故事精華的同時汲取卓越的心理洞見，而毫無違和之感。深度心理層次的集體無意識的能流，也因為鐘穎老師的天分與努力，而有機會從生命的縱谷溪壑中緩緩浮現來到平原大地，其面容也讓一般人覺得溫暖和藹而可親。

榮格心理學博大精深，其中在文化原型心理意義的挖掘與提煉方面，一直是一個非常重要的應用面向，但是出於種種原因，其在本土心理學中卻是個有待耕耘的領域。近年來榮格心理分析師呂旭亞老師出版的《公主走進黑森林：榮格取向的童話分析》，可謂是在荒蕪的領域首開了先河，但其分析的童話故事是以西方文化為主體的，與東方的心靈世界還是有所差異。如今鐘穎老師以東方傳奇故事為主體的心理詮釋的出版，算是填補了這分缺憾。相信這對有志於將榮格心理學應用於東方文化解讀的同儕，是一個充滿激勵的召喚。

我與鐘穎老師素未謀面，算是神交，但是對於他長年推動經營心理靈性知識閱讀團體的事蹟頗有耳聞，近來也常有機會拜讀到他的心靈敘事或詮釋的文章，由於自己在宗教哲學與心理學領域的訓練背景，所以頗感認同與受益。

佛法有一切皆因緣所成的宇宙觀和人生觀，今日有緣拜讀鐘穎老師力作，心有所感之餘，樂與同道推薦分享，滿心祝願此書香溢人間，是為之序。

美國費城天普大學宗教學研究所哲學博士——蔡昌雄

推薦專文

◎神怪傳說如謎團，勇敢面對最黑暗的陰影，才能抽絲剝繭找尋心之起點，辨認前行的方向。本書作者遍搜古今軼聞祕譚，爬梳光怪陸離的情節之間究竟埋藏何種驚奇真相，在人類潛意識中開啟一段壯闊探險之旅。

——小說家，《妖怪臺灣》作者／何敬堯

◎此系列作品最為珍貴之處，在於作者立基於個人生命的體悟及中國文學的涵養，有系統地整理出看似與現代我們無關的鬼怪民間故事，並以榮格心理學中的核心概念直指故事中華人的集體潛意識之智慧，企盼與此書有緣相遇的讀者可以因此而啟動聖祕的個體化歷程。

——國立台北教育大學心理與諮商學系副教授、IAAP 榮格分析師／洪素珍

◎古老的傳說，包含許多奇異曲折的故事情節，讀時感到樂趣十足。然而傳說更可貴之處，在於深藏在故事背後那些，關於人生轉化（transformation）與蛻變

（metamorphosis）的道理。透過鐘穎如同放大鏡般細緻透析的文字，得以淘洗出關於如何整合自我、異己、他者與陰影的超越性智慧。

——諮商心理師／郝柏瑋

◎自古以來，傳說就是一個迷人的存在。我從小便非常喜愛《聊齋誌異》、《唐傳奇》、《太平廣記》……裡面的神怪故事，除了曲折離奇、充滿想像力之外，也充滿了令人感動的「人性」。

然而，在看這本《傳說裡的心理學》之前，我從不知道、也未曾想過，自己如此喜愛這些故事，其實是因為它們打動了我的「潛意識」。

原來，在這些變形、妖狐、厲鬼之中，藏有許多暗示的密碼：我們的一生，其實都在追求「整合」：學著跟自己內在的陰陽兩性相處；學著坦然面對內心的陰影、慾望。人生的幸福從來不是累積「安全感」，而是找到自己存在的意義。

原來，整合是向內探索，而非向外抓取。更高的學歷、更響亮的頭銜、更多的房子、存款或是旅遊地，並不能讓人「定義」自己。

經由鐘穎老師利用「榮格深度心理學」、「存在心理學」深入淺出的剖析之後，再讀這些動人傳說，讓人有了更深一層的了悟，更靠近自己的內心。這是一本好看又有意義的作品，推薦給大家。

——親職教養作家／陳安儀

◎《傳說裡的心理學》是劃時代的作品，作者以榮格分析心理學為基礎，對於華人文化以及台灣的當地故事進行重新詮釋，藉此我們得以探究台灣人的深度心理。本系列作品亦是文學與心靈間的一道橋樑，示範了如何從文學走向心靈，不論是心理工作者、文學工作者或者一般大眾都可以從此系列書籍得到樂趣。

——諮商心理師、臉書社團「榮格讀書會」創建者／陳宏儒

◎流傳至今的民間故事與偉大小說系出同源，這就是我們透由故事得到滿足的緣故。鐘穎老師《傳說裡的心理學》以三大冊六大主題引領讀者重回熟悉的故事現場，宛如庖丁解牛，以無厚入有間。談笑之間，謋然已解。那刻，我們竟已隨角色完成潛意識和陰影的對話之舞，唯有暗嘆精彩。

——小說家／陳育萱

◎民間傳說中的人物、時間、地點、事件……或許不是真的，但是背後反映的價值觀卻如假包換。本書用當代的心理學、社會科學，與百千年前的傳說故事正面對決；狐仙、女鬼、精怪在作者的刀筆下褪去外皮，讓我們看見在妖異包裝之中，古今不易的人性。

——藏書家／黃震南

◎俄國文學評論家納博科夫形容好的作家是「講故事的人、教育家和魔法師」。本書作者鐘穎老師集三者於一身，是具有魔法的說書人。他如煉金術士般將心理學、文學、哲學、民俗與宗教融會貫通，對傳統文學中的一則則故事解碼。當讀者以為被引領進入古老的傳說世界時，才發現已置身於自身的心靈祕境之中。你不禁讚嘆作者如何能以文字施展魔法？邀請各位同來領受這趟奇幻的旅程。

——國立臺東大學兒童文學研究所副教授／黃雅淳

目錄

貳、狐仙

序

本書的出版要歸功於所有榮格人文講堂的讀者與伙伴，如果不是你們，我不會有信心寫下這一切。這些故事曾陸續發表於粉專「愛智者書窩」中，它們是童話與神話分析的延續，是我對東方傳說的理解方式。這樣的方式是將每個故事視為個體化歷程的一種表達，輔以榮格與存在心理學的洞見，以及我個人有限的經驗所做的詮釋。

在寫作時，我時常感受到一股高於我的力量，在那股力量所存在的世界與我們的肉身所存在的現實世界之間，似乎有某種過渡區域存在，我們在那裡獲得靈感，在那裡體會神祕，也在那裡獲得安住。

正是這個區域的存在，靈魂似乎有了位置，從而讓我們可以靜思宇宙的奧祕。在這份奧祕之前，人會體驗到真正的謙遜，從而保持一種有意義的沉默。然而，那力量也迫切地想要揭露它自己，我內心中的搗蛋鬼因此佔據了我，蠱惑著我去打破這份沉默，去描述它，然後逐階而下，直到最深處，直到死亡。

各位讀者見到的，正是這樣的表達，此表達還未結束。

謝謝楓書坊文化出版社的包容，我甚至不確定這樣的書是否討喜，裡頭的內容是否有資格在今日的世界中佔有一席之地。謝謝編輯陳依萱的鼓勵，讓我能有一場中年的冒險。感謝我的個案與家人，同時也深深祝福每個正在受苦中的你。

鐘穎

前言

從鬼神到妖怪，從冥戀到狐仙，這些古老又耳熟能詳的傳說之所以能流傳至今其實有著深刻的原因。故事的寓意對古人來說並不複雜，他們總是能直觀地明白說者的意圖。然而，現代人背離自己的內心太久、太遠，以致這些傳說逐漸成為可笑的東西。想想孩子們以及還是孩童時的自己，你可能還記得當初聽到這些故事時內心湧現的驚異與期待。那些絕非言語可以清楚表達的，正是這些民間故事能吸引一代又一代讀者的原因。

在心理學龐大的族系裡，以研究潛意識心靈為主的「深度心理學」，與研究愛、孤獨及勇氣的「存在心理學」一直是我最鍾愛的兩門學科。比起事實，它們更關注意義，因此成為我一生的關切。我幼年時在臺東長大，那裡美麗的山與海至今仍澆灌著我的心靈，在我成長的這塊土地中，也有許多故事影響我至深。因此我再次翻閱了小時候讀過的民間故事集，從著名的鬼怪典籍中整理那些看似原始的樸拙傳說，並編以「變形」、「狐仙」、「異婚」、「冥戀」、「厲鬼」與「妖怪」等六個主題，為每個渴求完整與良善的讀者解讀這些有趣玄妙甚至帶著恐怖的鄉野奇譚。

直到實際研究之後，我才更加肯定那些古老的奇譚有著真正的生命。它並不是某個古人的囈語，而是源自東方人集體心靈深處的原型。它所訴說的是我們祖先在面對生命的諸般考驗時所留下的冒險事蹟，是大我心靈在推動整合時所留下的勇敢紀錄。只是這一切使用了象徵的語言，需要我們用一個更寬廣的心去理解。不要小看這些內容，因為我們的集體心靈從來不會挽留那些多餘的故事。唯有那能打動潛意識深處的故事元素，才可能成為我們記得住的情節與人物。

從這個角度來看，正是個體化的過程貫穿了這些耳熟能詳的傳說，描述的是人們在整合路上所遭遇的各種困難與因應之道。「個體化」一詞是由瑞士心理學家榮格所提出，他用這個概念來說明人一生朝向完整性的發展動力及歷程。在這條個體化路上，有的主角成功，有的則是失敗。但不論如何，我發現他們共享同一種倫理，並傳遞了一種有秩序的宇宙觀。

在這樣的宇宙觀中，世界遵循著平衡的法則，冥冥中自有正義。那不是迷信，那遠遠超過了無稽之談。迷信的人總是專斷，但這個宇宙觀卻要求我們寬容；迷信的人自以為全知，但這個宇宙觀卻希望我們謙卑。只是遠離大自然、遠離了傳統心靈的現代人已漸漸地不再能理解它的意義。寫下這本書的目的之一，就是希望能讓讀者明白，傳說不僅對個體化歷程有著精彩的描述，同時又具有深刻的倫理意義。

在閱讀這本書時，請容我再次提醒您，它不只是虛構的故事，它是萬千人類心靈在走向整合之路時所留下的結晶。雖如此，你的詮釋才是最適合自己的。請把我的書當作一種參考吧！如果可以，也請把它當成一分指引，指向最深最遠的黑暗，指向最終了悟的道理與神聖。這是我的期待，我的願望。謝謝每位喜歡聽故事的你，謝謝你願意一起參與奧祕。

壹：變形

變形故事是這系列的起點，在這裡，它指的是人類由於特定原因，變化為禽蟲魚獸的故事。

蝌蚪變青蛙，毛毛蟲變蝴蝶，自然界中的各種變形使人類的祖先同時感到困惑與鼓舞。人類不具備完全變態的能力，當看見變形後的蝌蚪能夠上岸生活，毛毛蟲破繭後長出了翅膀，必然期待自己也有機會能突破先天的限制，發展得更為完善，這也是為何我們會在傳說故事裡一再看見變形主題的原因。

進化雖是吸引人的，但更多的是象徵著墮落的變形，不僅西方的狼人與吸血鬼故事是如此，中國的古籍對此也有不少紀錄。因此變形其實有著兩個完全不同的方向，也就是進化與退化。從劇情的安排，讀者可以輕易地想見主角的人格究竟往哪個方向移動。

由於變形會使身軀經歷徹頭徹尾的轉換，這個過程往往伴隨痛苦。這類傳說暗示讀者：成長總是帶著暴力的性質。也因為如此，變形隱含著個體化的意義，亦即人在一生中為了追尋完整而不斷除舊翻新，日漸接近「自性」或「真我」的歷程。

它的前奏總是會出現特定的鋪排，例如大病一場、作夢或者遭到鞭打、威脅、餓昏在廟前等，一如我們即將在後面的故事裡讀到的那樣，從心理學的角度來說，它指的是我們舊有人格遭到支解與毀壞，透過這個過程，人獲得了某種動物性，也就是接通了某些過去受壓抑的本能。然而結局是好是壞，就得看主角們如何運用。被本能擄獲的主角，很可能再也無法變回人形。而不會在黑暗處迷失的主角，就能自由地擁有變形的能力。真正的「成熟」所指的就是這點，那同時也是中國傳說裡對個體化最高成就的隱喻。

此能力也暗示人的精神實體並不受限於固定的框架，它永遠都在發展中，且無休止地謀求實現自身。因此變形傳說以其特有的方式回答了「人的本質為何？」這個哲學問題。故事並未明言答案，而是以象徵的方式加以描述。在這樣的故事中，它向我們保證人可以超脫原有的限制，只要我們願意留心意外背後那分屬於自己的責任，願意在孤獨的時候提起勇氣面對自身的黑暗，同時不被它所引誘，那時答案就會向我們完全地敞開。

話還沒說完，馬皮凌空飛起，將女兒捲走了。

一、馬皮蠶女（中國・《搜神記》）

故事大綱

在很久以前，有一戶人家，家裡只有父女兩人。當時父親遠行去了，女兒一個人在家裡養馬。因為獨處太久，女兒很想念爸爸，於是有一天，她對自己的馬兒開玩笑說：「如果你能幫我把爸爸找回來，我就嫁給你。」馬聽完這句話後就掙脫韁繩逃走，出發去找男主人。男主人看見家中的馬後又驚又喜，馬兒一邊向他跑來，一邊發出悲鳴，男主人心想：「這一定是家裡出事了！」立刻騎著馬回家。回到家後，父親給馬兒的草料非常豐盛，但馬怎樣都不肯吃。每次看到女兒靠近，就高興地跳著。

父親覺得很奇怪，於是偷偷問女兒發生什麼事了？女兒據實以告。父親說：「這件事不要聲張，以免有辱家風。你先待在家裡別出來。」然後準備了弓箭將馬殺死，剝下皮後晒在庭院中。父親走後，女兒和隔壁的女孩子在馬皮附近玩耍，女兒用腳踢著馬皮說：「你是畜生，難道還想跟人結婚？你今天有此下場，不是自討苦吃嗎？」話還沒說完，馬皮凌空飛起，將女兒捲走了。鄰居女孩子非常害怕不敢救她，趕緊告訴她的父親。父親回來時已經找不到女兒了。幾天後，才在森林中的某棵大樹上發現了許多蠶，那是失蹤的女兒和那張馬皮所變成的。這些蠶所結成的繭又厚又大，和其他的蠶繭不一樣。鄰居婦女將牠收來用，收穫超過原來的好幾倍。因此將這棵樹命名為「桑」。桑，就是喪的意思。從此百姓競相種桑樹，就是今日用來養蠶的樹。現在有人把蠶形容為女兒，這也是當時流傳下來的說法。

故事解析

這故事裡的變形乍看之下帶著悲劇性的意味，因為言而無信，人墮落為蟲。但如果進一步思考就會發現，它的意義不只如此。

每個人內在的陽性面與陰性面

首先，從深度心理學的角度來看，故事中的少女象徵著我們心靈未成熟的陰性面；而馬能夠負重物，在原野上奔跑，因此是陽性心靈的原始象徵。每個人的內在都同時具有男女兩個性別，也就是陰、陽兩種不同面向。一個心理健康的人，通常是能同時接納內在兩個相異面向的人。過分重視個人的男性氣概，或者反過來只著重發展內在的陰柔

搜神記卷一
晉干寶撰　明胡震亨毛晉同訂
神農以赭鞭鞭百草盡知其平毒寒溫之性臭
味所主以播百穀故天下號神農也
赤松子者神農時雨師也服冰玉散以教神農
能入火不燒至崑崙山常入西王母石室中
隨風雨上下炎帝少女追之亦得僊俱去至
高辛時復爲雨師遊人間今之雨師本是焉
赤將子轝者黃帝時人也不食五穀而啗百艸

《搜神記》是中國第一本志怪小說，雖然稱它為小說，但作者干寶（？～336）卻是一個著名的史學家。他本人曾經歷過兩次神祕的還魂事件，一次是父親的寵婢殉葬多年後竟然沒死，自言在墓中干寶之父經常給她飲食，恩愛如常；另一次則是他的哥哥氣絕數日後甦醒，說看見了天地鬼神，猶如作夢一般。因此，他寫作這本書的目的是為了以嚴謹的態度來記錄鬼神的事蹟，遂被時人譽為「鬼之董狐」，這本書也因而長期被列在史部中，作為鬼神的信史來看待。

■（晉）干寶《搜神記》，明萬曆間胡震亨刊秘冊彙函本。
來源：國家圖書館，古籍與特藏文獻資源。

氣質，都不能算是完整。因為人生在世，一定會有我們需要表現剛毅堅決，又或同理溫暖的時候。過分壓抑某一面向，就會使它成為潛意識裡的陰影。透過「投射作用」這個心理防衛機轉，陰影將會被我們丟出去，分派給外界。這是為何傳說裡，狐狸總是會幻化成魅惑人心的美女的心理原因。關於這點，我們第二章再談。

內在陽性力量的反撲

少女首度對家裡養的馬發出了結婚的邀請，前提是必須完成某項任務，也就是尋回離家已久的父親。這任務的真正意涵是什麼，後續會再說明。在這裡我們先談「結婚」的意義。婚姻意味著男女的結合，婚禮是一個古老而神聖的人類儀式，因為只有已被認可為成熟的男女才能透過婚姻制度組織家庭，養育下一代。女兒對馬兒所開的玩笑，說明了作為陰性原則的少女並不成熟。雖然父親離家後，都是由少女負責養育馬，亦即學習與她內在的陽性面互動。但顯然因為缺乏經驗和旁人教導的緣故，她馴服和發展其內在男性特質的任務並不算成功。

父親在故事裡係作為一個成熟男性而存在。但他的長年離家某種程度上注定了這個傳說的悲劇性，因為年輕人在缺乏足夠的指引或陪伴之下，要能順利地跨越個人的發展任務其實是相當困難的。讀者一定發現了，這個故事並未提到母親，也就是少女沒有成熟的女性楷模在身旁。而此時父親的離家，不啻使少女獨自面對成長帶來的壓力。這個壓力則由故事裡的馴馬過程所表現出來，我們很快便會看到，少女與象徵著內在陽性面的馬兒之間將要產生悲劇性的互動。

青春期的情與慾

青春期是情慾萌發的年紀。之所以稱它為「情慾」，是因為此時的年輕男女還不完全了解愛的真諦。情慾萌發固然有其生理因素，但同樣受到心理因素的促使。這裡的心理因素指的是什麼？就是內在阿尼瑪（anima，女性靈魂）與阿尼姆斯（animus，男性靈魂）的投射。瑞士心理學家榮格用這兩個名詞來分別指稱男人內在的女性，以及女人內在的男性。我們之所以受到某個人的吸引，正是我們將內在的異性面投射出去在某人身上的結果。易言之，情慾的出現，至少在一開始的時候，是源於愛上了我自己內心的另一半。直到一段時間過去後，我們才可能慢慢地將自己內在的投射給收回來，以那個人原有的面貌來認識他或她。俗語常說「因誤會而結合，因了解而分開」，指的便是這個現象。

從此觀點來看，這則傳說指的是孤兒少女獨自面對情慾難關，走向整合的故事。馬兒作為陽性心靈的象徵，在這裡可以被我們聯想為少女內心的阿尼姆斯。

而父親的離家不是離家，預示的乃是父女關係的疏遠，缺乏父母陪伴的孩子，得獨自面對青春期的騷動與孤獨。父母的同時缺席激發了她的孤兒經驗，她對馬兒提出的任務表面上看是「把我爸爸找回來」，其實指的卻是「我和你結婚，請救我離開家。」易言之，女兒希望透過擁有自己的家庭來逃避孤獨感。藉由婚姻，這樣的少男少女們讓自己感覺成為了「大人」，實則上他們並未真的做好進入新家庭的準備。而這類有著「孤兒經驗」的孩子總是對世事太過天真，或與之相反地容易對他人失去信任，從而很快地就會對另一半失去興趣，而後又從重新組成的家庭中逃逸到他處。

世代對抗的起因

故事裡的少女就試圖藉由婚姻（也就是跟馬兒之間的承諾）來離家，馬兒接受了這個挑戰，甚至完成了這個挑戰。

但悲劇卻在這裡發生了。天真的少女從來就不是認真的，她從沒想過脫離少女階段，特別是父親返家之後，她再度回到了父親身邊，成為「父親的女兒」，而不是試著成為她自己。連帶著她的父親也不覺得她應該認真，而是告訴她「不要說出去，以免敗壞家族名譽。」父親不重視女兒的承諾，甚至也缺乏審視自己的眼光。

當父親拿出弓箭殺死馬時，等於是拒絕了年輕男性的善意，而這往往會引發世代的戰爭。同時，殺馬也象徵著父親拒絕自己將要老去的事實，因為只要女兒沒出嫁，他就不算衰老。少女的後果已經可以預期了，她戲弄內心的陽性面時已經說明她並不看重內心的聲音，拒絕使自己成長。「把我爸爸找回來」這項任務的第二層意思是「請成為我的爸爸」、「幫我負責任」，少女不願離開純真的狀態，只願永遠當個父親的女兒。易言之，她不願成為自己的父親。我們常用媽寶形容那些事事以母親為尊，不肯獨立的男性。此處的少女則是這類媽寶的女版。拒絕成長的人一定會付出代價，猶如希臘神話裡少女神波瑟芬妮（Persephone）一樣。她的純真與對永遠當個女兒的幻想，最終被冥王黑帝斯（Hades）給擊碎。每個人都得長大，不論你是否願意。這便是少女與她內在陽性的首次接觸，而這次接觸無疑是失敗的。

冥王黑帝斯擄走少女神波瑟芬妮。後者原本一直開心地跟母親狄米特（Demeter）一起生活，直到黑帝斯象徵的意外找上了她，讓她從無知少女變成了冥后與母親。也讓狄米特開啟了其後的中年追尋。

■ 魯本斯《劫奪波瑟芬妮》（1636-1638年），現藏於馬德里普拉多美術館。

受威脅的心靈會以暴力形式尋求補償

父親殺死了馬，將馬皮剝下放在庭院中晒。事發之後，少女一邊跟鄰居玩耍，還一邊踢著馬皮嘲諷它。未料此時馬皮竟然高高飛起，將她捲起離開。數日之後，她和馬皮在桑樹上一起變成了能結厚厚蠶繭的大蠶。

傳說的結局來得相當突然，看似失去生命的馬皮在陽光曝晒之後竟然有了靈性，將少女裹脅而去。太陽本來就是陽性的象徵，奄奄一息的陽性心靈在戶外日光的照射下重新獲得了能量，面對不遵從承諾、拒絕成長任務的少女，馬皮改以暴力的方式回應。這象徵著原先遭壓抑的年輕世代的反擊，也表現出受到威脅的潛意識心靈會以更暴力的方式尋求補償，逼使當事人成長。在現實生活裡，這類青年人會以激烈的手段——離家，或者尋求更專斷的對象來擺脫父母控制，從而可能在新的親密關係裡開啟了舊的輪迴，將未解的老問題一代一代地傳遞下去，這都反映了這則傳說的黑暗面。

陰性與陽性的交會，使心靈產生蛻變

結果兩人雙雙變成了新品種的大蠶，其收穫是原先的數倍以上。這是內在陰陽兩性的第二次接觸。這次的接觸顯然是兩極交會的原始本能被喚醒後的結果，森林象徵著潛意識，表示少女來到了心靈的更深處，這次他們雙方無法再分開，馬與人被緊緊纏縛在一起，亦象徵著人性與動物性的彼此穿透，結果是雙方共同變成了大蠶。

此次的交會雖然原始而突兀，但卻成功地使心靈得到蛻變，少女與馬皮化為人類的文明產物：蠶絲。

蠶絲是絲綢的原料，也是古代東西方交易的重要商品，「絲路」一詞就是因此得名。絲綢的目的不僅是製作衣物，更是製作名貴的高級衣物。少女化為蠶的故事說明了變形同時象徵著犧牲與創造。它是內在兩極成功整合後的豐饒獎賞，也是歐洲晚期煉金術中所指的「黃金」。那黃金不是別的，而是求道者或煉金術士在長久修行後所得到的結果，我們將之稱為「道」或「神聖」也無不可。

父母面對兒女離家的內在轉化

有意思的是，這則傳說明指著整合（或者說成長）也有其暴力面。還請各位讀者試著回想，在我們的生命成為目前這個樣子之前，是否也曾經歷過一些難以向他人訴說的痛苦和意外呢？成長以暴力或意外的形式進入我們的生命，因此使我們的人格產生了深刻的變形。變形從來都是性命攸關的。我們見過無法破繭而出的蝴蝶，也見過胎死腹中的小生命。生命的每一次創造和轉化都得賭上自己的全部。少女拒絕履行承諾的主因不是別的，而是害怕改變。父親希望女兒不要履行承諾也是同個原因，女兒結婚意味著長大，那麼作為父親的自己就會老了。老父親因此在心理上依附著年輕的女兒，女兒也因此在心理上依附著年老的爸爸。試想想，我們是不是既希望又害怕孩子長大呢？孩子自己不也如此？既渴求長大帶來的自由，又恐懼長大得背負的責任。

再換個角度來說，少女真正的變形議題是跨越青春期成為一位負責的女性，而父親的變形議題則是面對自己老化的恐懼，承認年輕一代的權力。這是為何故事的結尾告訴我們，這棵樹後來被取名為桑，桑就是「喪」，喪失的意思。成長首先意味著失落，然而失落只是成長的某一部分，成長本身也會帶來甜美的果實。少女與馬皮化成的大蠶及其蠶絲，就是勇於面對成長議題者的報償。自此後，蠶也被稱為「女兒」，意味著「蠶」就是女性心靈的高度結晶。

因而這篇人變形為蠶的傳說所要告訴我們的，乃是人邁向整合與進化時所帶來的痛苦與成就。然而，並非每篇變形故事都是如此，我們下一篇將要看到，變形有時為的不是別的，而是真真切切對退化的需要。

二、促織（中國．《聊齋誌異》）

故事大綱

明朝宣德年間，皇宮盛行鬥蟋蟀，因此每年都向民間徵收蟋蟀以供玩樂。這東西並非陝西的特產，但華陰縣令為了討好上司，進獻了一頭善鬥的蟋蟀。朝廷大喜，因此責成華陰縣年年上繳蟋蟀，縣令把差事往下推給「里正」（亦即里長），為了找到好蟋蟀，這份差事往往使鄉裡的人家破產。

這一年，有個叫成名的童生由於做人迂腐、不善言詞而被推舉擔任里正一職，他想盡辦法都沒法推掉，不到一年，家產幾乎賠光了。成名不願意將蟋蟀攤派給鄰里百姓，但自己又負擔不起，正想尋死之際，妻子告訴他：「與其煩惱沒錢買，不如出去找找看，還有一線希望！」

成名早出晚歸，實在一無所獲。就算找到了幾隻，也都瘦弱不堪。縣官不停催逼，打了他上百板子，他大腿膿血直淌，毫無辦法。巧合的是，當時村裡來了一位駝背的女巫，非常靈驗，村民大排長龍只為向她求教，因此成名之妻也備妥了財物前去問卜。巫婆朝天祭拜後，嘴裡念念有詞，不久女巫對成名的妻子拋出了一張紙。紙上畫著一座類似寺廟的地方，後面的小山下怪石滿布，叢生的荊棘裡就藏著一隻蟋蟀，蟋蟀旁還有一隻癩蝦蟆，像要跳起來似的。她反覆玩味，不明其意。但因為圖中有蟋蟀，似乎暗合她的求請，所以就將畫紙帶回家了。

成名反覆琢磨，莫非是指引我抓蟋蟀的地點嗎？這麼一想，真的覺得那景物酷似村東的佛寺。於是他帶著圖畫來到寺院後面，後面的亂墳與圖畫相似。尋找良久，突然見到一隻癩蝦蟆從他眼前跳過去，他急忙追趕，果真在草叢裡看見了牠，而牠眼前就有一隻蟋蟀伏在草根上。他追上去捉了蟋蟀，仔細一看，蟋蟀體型很大，雙尾又長，非常健壯。全家都為此慶賀，成名把牠放在瓦盆內好生餵養，呵護備至，只等期限一到，就要拿牠上繳。

成名有個九歲的兒子，趁父親不在偷偷打開瓦盆來瞧，蟋蟀一躍逃出，兒子急得一撲，沒想到，將蟋蟀的大腿給撲斷了，肚子也弄破了。兒子心中害怕，哭著告訴母親。母親氣得大罵：「你死期到了！等你爸爸回來一定會跟你算帳！」兒子流著眼淚出門走了。

不久後，成名回到家中聽得此事，怒氣沖沖地去找兒子。沒想到兒子卻失蹤了。後來才在井裡找到兒子的屍體，原來他擔心受罰，竟然跳井自殺。夫婦倆呼天搶地，幾乎暈死。屍體抬回家中後才發現還有一絲微弱的氣息，他們高興地將兒子放在床上。但是蟋蟀還是沒有著落，成名那夜擔憂得無法闔眼。

天亮時，他突然聽見門外有蟋蟀在叫，心中一驚，急著追了出去。四處張望，看見有隻蟋蟀伏在牆壁上。仔細一看，這蟋蟀形體短小，黑中帶紅。正想放棄，那蟋蟀竟然跳到了他身上，仔細一看，牠形如土狗，梅花翅膀，方頭長腿，也還挺好，便高興地抓到籠子裡。

上繳蟋蟀前他找了村裡的人鬥鬥蟋蟀，確保這蟋蟀有戰力。沒想到這蟋蟀雖然短小卻凶猛異常，竟能把村裡最好鬥的蟋蟀給鬥倒。正在高興之際，一隻公雞跑了過來，上前便啄，成名嚇得大喊。小蟋蟀卻一下跳出兩尺遠，公雞窮追不捨，小蟋蟀竟轉身跳到雞冠上，咬著不放。成名愈加驚喜。

第二天，成名將蟋蟀獻上去，縣令嫌牠小，將成名訓斥了一頓。但成名講了蟋蟀的本領後，縣令試著拿其他蟋蟀跟牠互鬥，各個都被鬥得慘敗。縣令大喜，立刻將之獻給巡撫，巡撫非常高興，上表陳述小蟋蟀的本領。小蟋蟀進宮後，拿全國各地進獻的名貴蟋蟀與牠互鬥，竟沒有比牠更厲害的。每當聽到琴瑟的聲音，還能按著節拍跳舞，因此受到極大的賞識。皇帝下詔重賞巡撫，巡撫也提拔縣令。縣令因此免去了成名的差役，還讓他進了縣學。

一年多後，成名的兒子終於精神復原。他說起昏迷的那段日子，自己夢到變成了蟋蟀，在宮裡與人角鬥，屢屢優勝，至今才甦醒過來。巡撫亦大大獎賞了成名，沒幾年，成家就富裕了起來，成為當地的世家大族。

故事解析

性格迂腐、不善言詞的成名因為兒子變成了蟋蟀而由家貧轉為富有，這是人類由於接納內在動物性從而使自己得到轉化的最顯著例子。讓我們看看故事怎麼說的。

宣德年間是明朝中國政治最穩定清明的時候。宣宗皇帝與他的父親仁宗皇帝在位的這些年被史家稱為「仁宣之治」，這是傳說發生的背景。但故事裡頭的皇帝以及朝臣卻顯然是一群混帳，要不產蟋蟀的陝西上貢蟋蟀，讓縣中百姓因此破產逃亡，這樣的苛政與史家的記述實在相去甚遠。雖然我們的目的不是要去考證故事的真偽，但仍然可用深度心理學的角度來思考這樣的錯位究竟所為何來？

人格面具是社會化的證明

從個人的角度看，所謂的治世，指的便是一個人事業走在最高峰的時候，這大約發生在我們中年期間。治世讓我們戴上了最崇高美好的人格面具（persona），這個詞在心理學的意思是我們為了符合社會期待，而表現出的那些行為與特質。人格面具不是別人戴在我們身上的，這一點很多人會誤解。相反地，是我們自願戴上了那些面具。面具是我們逐漸社會化的證明，試想一個剛出社會的年輕人，如果不具備這樣的能力將會吃多少虧。如果將人格面具設想為受光面，也就是受到道德、倫理所崇尚的那一面，那麼人格的背光面就可以被我們稱為「陰影」（shadow）。不論是受光面還是背光面，那都是人格的一部分，縱使我們傾向壓抑和否認後者的存在也是如此。

拯救中年危機的阿尼瑪

想想主角的名字：「成名」，亦即想要出名（to be famous）；再回想一下故事裡還有沒有第二個有名有姓的人？沒有。答案呼之欲出，這個故事談的是一個受困在人格面具下的中年人故事。宣德年間暗指著他正處於事業最顛峰，最受旁人景仰的狀態。但此時的宮中盛行鬥蟋蟀，這蟋蟀不是別的，就是他內在的直覺。蟋蟀本身就是晝伏夜出的生物，牠的叫聲宏亮（為了求偶），但其出沒的地方卻在鄉間的草叢裡。大海、森林、草原、荒野、沙漠，這些地方由於有著陌生與未知的特質，且可能藏匿著具有威脅性的動物以及人類可以利用的資源，猶如潛意識那樣同時蘊含著潛力與危險。所以從深度心理學的角度來說，可被視為是潛意識的象徵。

蟋蟀很貼切地象徵著來自潛意識的聲音。牠大聲地在夜晚呼喚我們，告訴我們不要耽溺於外在的成就裡，要記得在人生的後半段轉身向內。故事裡的主角就聽到了這個召喚。他百般不情願地拒絕這個差事，然而縣令卻要他非得服從不可。

潛意識的功能主要是補償意識人格的錯誤，此時的朝廷與官僚系統就象徵了潛意識無上的權威性。整合是人一生的追尋，不論你是否能意識到，我認為我們內在都有一個追求完整的動能，而且從不停止。而這個內心的聲音往往出現在中年之後，它會使我們對現有的生活感到乏味、喪失意義，提不起勁。不論是家庭關係還是職場表現，都可能讓你興致缺缺和不滿足。榮格最早發現了這一點，並把此現象命名為「中年危機」。

成名的迂腐與木訥正象徵了他內在的人格已日漸頹弊，漸漸與外觀上的「治世」產生鴻溝。潛意識派出的縣令終於介入了這場心理的危機，要他擔任里正，而且必須在期限內上繳一隻善鬥的蟋蟀。也就是逼著他傾聽面對自己內心的聲音。他不敢將責任攤

聊齋志異新評卷六
淄川　蒲松齡　留仙　著
新城　王士正　貽上　評
廣順　但明倫　雲湖　新評
劉海石　一
劉海石蒲臺人避亂於濱州時十四歲與濱州生劉滄客同函丈因相善訂為昆季無何海石失怙恃奉喪而歸音問遂闕滄客家頗裕年四十生二子長子吉十七歲為邑名士次子亦慧滄客又內邑中倪氏女大嬖之

《聊齋誌異》又名《鬼狐傳》，作者蒲松齡（1640～1715），字留仙，他一生熱衷於科舉功名但卻屢試不第，憤懣的他將精力與才華全部用在對傳説的蒐羅與故事改寫上，遂成就了這部中國傳説文學的巨著。圖為《聊齋誌異》手稿。

■（清）蒲松齡《聊齋誌異》，清道光間廣順但明倫刻本。來源：美國國家圖書館，館藏中文古籍珍本。

派出去，又拿不出錢賠償，只得上衙門挨板子，大腿被打得皮開肉綻。我們在上面已經提過，成長有時是帶著暴力的，每個人都很清楚，從來就沒有輕鬆學習、快樂成長這回事。成長永遠意味著選擇，而每個選擇伴隨著代價。當我們選擇自由的時候，責任就是我們的成本。但如果我們選擇依賴，自卑就會成為我們的成本。

正在尋死之際，成名的妻子兩次幫助了他。第一次是勸他自己出去找，不要想什麼事都用錢解決！第二次則是找上靈媒問卜，替他尋求解決之道。妻子的角色很重要，因為她是故事中唯一的女性。易言之，她是成名內心的阿尼瑪，象徵著男性心中的母親、欲望、聖潔或智慧的女性靈魂。阿尼瑪的象徵義是哪一個，必須依個別狀況來決定。但從妻子的表現來看，她顯然與成名內在的智慧女神比較有連繫。怎麼說呢？

物質擁有愈多，內心體會愈少

一直以來，成名的問題解決之道都很單一，甚至近乎隨便，就是信仰金錢萬能。這也是主角用來解決中年危機時第一個想到的方法，故事裡頭說，他只從鄰里中買蟋蟀上繳，既不想麻煩別人，也不想麻煩自己，結果幾乎賠光了家產。我們知道，故事常用金錢或財寶來暗喻一個人內心的充實程度。他的家產原本就不多，解決之道又很差勁，很快就讓自己貧困起來。心靈破敗的人往往如此，他們解決中年危機的方式是更加投入工作、買醉買跑車、找小三、把白頭髮染黑，或者微整型。總之，這類人很少思考到物質以外的事。他們外在擁有得更多，結果就是讓內心體會得更少。中年危機的難題與個體化的功課，都不可能透過金錢來解決。因此妻子對丈夫的建議質樸而有效：為什麼你不自己來呢？易言之，成長是他人無法代勞的工作。

阿尼瑪與阿尼姆斯（亦即女性內在的男性靈魂）常被榮格視為引路神（psychopomp）。在世界各地的傳說中，引路神擔任著穿梭人間與冥府的角色，帶領亡魂與人世道別，走向陰間。而榮格心理學中的阿尼瑪與阿尼姆斯則穿梭在意識與潛意識的交界，因此是我們個人成長路上的引路神或靈魂嚮導，為我們指出整合的方向。然而他不會一路陪伴我們，當事人必須走向自己的冒險。

共時性的意義

成名採納了妻子的建議，四處尋訪蟋蟀，這是他處理中年危機的第二次嘗試。然而，中年危機不是這麼簡單可以處理的事情。他翻石頭、挖洞穴，依舊一無所獲，找不到堪用的蟋蟀。這下自殺的念頭又找上他了，於是作為阿尼瑪與引路神的妻子轉換方向，替他去求新來到村裡的女巫。這位女巫是偶然來到村內的，這樣的偶然並非意外，而是有意義的「共時性」（synchronicity）。在分析心理學的定義中，共時性係非關因果的，有意義的巧合。我們普遍都有「說曹操，曹操到」，或心裡想著誰，那人就突然撥了通電話來的經驗，彷彿起心動念與外在事件之間有著某種神祕的連繫。

女巫的出現是發生在成名開始自力更生找蟋蟀之後，這絕不是沒意義的。人如果不能開始正視問題，不能理解外在的困境往往與自身的心態及思維有關，說什麼都不能迎來潛意識的贈禮。女巫的協助是輔助性的，因為她並沒有直接送蟋蟀給成名，只是指引他正確的地方。女巫畫了一張圖，圖中沒有字，只有以佛寺與亂石堆為背景的蟋蟀與癩蝦蟆。

女巫的畫與潛意識的贈禮

讀者要特別注意這張畫的寓意。首先，它「有圖無字」，這說明了潛意識運行的規則。潛意識遵循的不是意識層面的溝通方式。文字和語言有著固定的邏輯，指涉特定的事物，這是意識賴以確立、個人賴以溝通的工具。只要回憶一下你的夢境就知道了，夢境是以影像為主體的，夢裡或許會有書，但書裡不會有具條理順序的文章，有的只是錯置的亂碼。你可能有過這類經驗，在夢裡讀書的時候覺得那內容相當好，轉瞬間醒來後，卻意識到內文的句讀根本不能成行。這是為何我們在解夢時，非常仰賴象徵蘊含的知識。女巫之所以畫圖不寫字，正說明了她是潛意識派來幫助成名的使者。

妻子知道這畫與蟋蟀有關，但不能解讀它全部的意思，就將畫帶回去給丈夫，丈夫琢磨了很久，相信畫裡指示的是找到蟋蟀的地點。這就說明了，即使是阿尼瑪也不能代替我們解決問題。真正重要的線索必須由自己解答，個體化也必須由自己去經歷。

「自性」與「自我」的整合

讓我們來看這幅小畫。佛寺連結著古墓，在那裡的草叢中就藏著他需要的蟋蟀。古墓與佛寺是死亡與輪迴的象徵，女巫在暗示成名，重生的契機，就在墓堆的草叢裡。作為清淨與神聖之地，佛寺連接著生與死，換言之，佛寺在此處象徵著神聖的「自性」。「自性」是深度心理學用以形容我們內心的「完整」原型的詞彙。榮格相信，人的內在有兩個我，一個是自我（self），他的功能是處理一般的生活功能與人際事務，通常也是我們自我認同的核心。另一個處於更深處的則是自性（Self），他是完整而神聖的人格核心，雖然不完全對，但或許也可以用神性、佛性來理解他。整合自我與自性，是人一生最重要的課題。因此「探訪自性」便是成名解決中年危機的第三次嘗試。

然而，即使找到了古寺與舊墳堆，要在偌大的地方找到一隻小蟋蟀談何容易？這時，一隻癩蝦蟆跳了過去，他像是明白了什麼似地，跟著牠的後頭追趕過去。原來癩蝦蟆是為了捉蟋蟀而去的，他緊盯著癩蝦蟆的蹤跡，在前方的不遠處，就停著一隻蟋蟀。癩蝦蟆是兩棲動物，亦水亦陸的牠在童話和傳說裡常常擔任引路神的角色。因為水連接著潛意識，陸連接著意識，作為橫跨兩界的生物，癩蝦蟆在許多故事中都被視為心靈的嚮導，是帶領人們往心靈深處尋訪自我的重要象徵。

成名依循癩蝦蟆，終於在城郊的亂葬崗找到了蟋蟀！這個地點別有深意，城郊象徵著意識與潛意識、生與死的交界，亂葬崗的死亡意象則象徵著他得在那裡放下過往的執著，使過去的自我死去。能替他解決危機的癩蝦蟆就在這裡等著他。潛意識的使者並不會隨意造訪，人只有帶著意識在潛意識的邊界時才可能與之相遇。否則縱然他向我們迎面而來，我們也只會漠然以對。

成名找到那隻蟋蟀，也象徵終於找到了內心的聲音。這是中年危機即將解除警報的時刻，他很高興，全家也為此慶賀，他將蟋蟀放在盆裡餵養，準備等時間一到，就拿去上繳。有意思的是，這並不是故事的結局。

遭難讓人遇見救贖

那隻大蟋蟀並非他的救贖，真正的救贖還要遭難才能得到。他九歲的兒子因為好奇把盆給打開，沒想到蟋蟀立即跳了出來。兒子心中一急竟將蟋蟀撲死了。為了逃避父親的責罰，兒子竟投井自殺，讓全家人的心情盪到谷底。我們要怎麼看待這個劇情的轉折呢？

很顯然地，中年危機並沒有因此解除，而他先前找到的那隻蟋蟀也非解決之方，反而替他帶來更大的衝擊。許多人會在面對中年危機或死亡焦慮時投入心理學、哲學，乃至宗教的懷抱，這些學問都會替我們指引一條修行或思考的方式，有時則讓我們自覺有幸認識了某一個心靈領域的上師。主角成名同樣如此。他跟著內心的嚮導找到了癩蝦蟆，弔詭的是，他帶回的不是解答，而是禍害，因為兒子自殺了。

多少人因為這樣著迷於追捧一個上師，信奉某一個宗派，從而讓教條阻滯了內心真實的體驗。中年危機與死亡焦慮帶來的不安，在此找到了強大的安慰劑。但這不是補品，而是毒藥。故事裡的大蟋蟀就帶著這個意味。因為成名在看見牠的外型之後，毫不懷疑地認為這是一隻傑出善鬥的蟋蟀，直接就決定養起來上繳。這種欠缺批判的接受態度，正是宗教或心理學的教條主義之所以盛行的原因。接受某種訓練就能提升親子關係，讓孩子聽話考醫科；參加某個宗教活動就可以累積福報。多數人似乎總是滿足於這種簡單的交換關係，偽大師和假宗教也因此大行其道。但正如肉體不可能復活，有意的行善也不會積累福報。真正的福報是無所為而為的，而復活也只會在心靈的層次上發生。而如果人沒有下定改變的決心，有意義的變形就不會發生。

禍兮福所伏

兒子的昏迷無疑是潛意識的考驗，他將死亡包裝成禮物，許多人在不明就裡的情況下中了計。上半生逃避靈性的人，現在開始瘋狂參與宗教活動；上半生鄙視哲學與人文的人，中年後試著增加涵養，豐富個人的心靈。他們以為自己找到了真理，這就是潛意識最大的把戲，也是心靈嚮導的玩笑。只有能洞悉這場騙局或再往前走過此段考驗的英雄，才能得到真正的寶藏。

在童話故事《青蛙王子》中就有類似的劇情。在水池邊弄丟金球的公主欺騙了青蛙，答應青蛙如果能將金球尋回，就願意與牠結婚。青蛙在此處同樣是心靈嚮導的象徵，因為牠與癩蝦蟆一樣，都是兩棲類動物。正當公主得意洋洋地讓青蛙替她取回她自以為的寶藏後（也就是失而復得的金球），沒想到真正的考驗與禮物還在後頭，那就是她得履行諾言與青蛙結婚。受不了青蛙一再向她嘮叨，她生氣地把青蛙丟在牆壁上，結果青蛙竟然變成了一位溫柔的王子。而他才是公主真正的寶藏！——《青蛙王子》和〈促織〉同樣向讀者暗示著「偽裝」的有趣主題。

「福兮禍之所倚，禍兮福之所伏。」生命裡既有包裝成意外的禮物，也有包裝成禮物的意外。禍福吉凶往往不是顯現在我們眼前的那個樣貌。當我們太急著對眼前發生的事件下價值判斷時，就會讓自己的情緒被它牽著走，從而延遲我們改變自己的時機。有些人離不開有害的關係害怕離婚；有些人守著沒有尊嚴與前景的工作不敢轉業。這時如果有意外發生，或許反而能讓我們下定決心從頭開始也說不定。前頭講過，成長往往是暴力的。不帶著身心的痛苦，人就無法徹底放棄生命的舊形式，在親密關係出現問題或職場面臨轉換時也是如此。變形所涉及的質變過程當然也與痛苦高度相關。

「退行」的心理學意義

當成名還在為找到大蟋蟀而開心時，這一切卻被九歲的兒子給揭穿了。他九歲的兒子象徵著天真樸拙的原始力量：好奇。正是好奇，才讓小男孩揭穿了國王的新衣；正是好奇，才讓愛麗絲跳進了兔子洞裡。個體化的目的並不是讓人變得老成，相反地，這個過程會使人再次天真！他意外弄死了大蟋蟀，而後在恍惚之間讓自己變成了小蟋蟀，從而揭示了變形的新主題——一種人成為昆蟲的隱喻，這看似退化之舉，其實是讓自己將潛意識的直覺與動物性給等同起來。即便是退化，這類的變形卻是有意義的。變形的不是成名本人，而是他的兒子，子女是個人血脈的延伸，因此象徵著他正要茁壯的新自我。此時化成蟋蟀的他象徵著與內在之聲高度同頻與合拍，他一路從鄉裡到宮廷，成功為自己解決了每一次挑戰。褪去了中年時我們身上沉重的人格面具，重拾好奇與天真，我想這才是潛意識要送給他的禮物吧！

兒子的昏迷意味著退化。但從榮格的觀點來說，退化並不總是有害的，反而強硬打斷退化才可能對當事人造成弊害。退化是一種自然現象，一種長期遭遇挫折與困頓，或劇烈創傷後所帶來的復原期。因此榮格才將之改稱為「退行」。我們原有的世界觀和安全感破滅了，但新的認同與歸屬還尚未建立。從根長起需要很長的時間，對身心症狀的強硬消除反而會打斷復原。在我的臨床經驗裡，試圖消除低落可能會帶來情感上的麻木，急著處理失眠症狀可能會帶來焦慮（例如病態地咬手指、拔體毛或眉毛等）。在使用精神藥物或特定技術為主要治療方式時務必要注意這一點，因為症狀往往是一種溝通。強硬消除症狀的心理意義，就是拒絕溝通。之所以說兒子的退化狀態有意義，指的就是此事。

人格面具與直覺的接通

讓我們再回想一下故事，在成名原先的指望被打破的那一晚，他怎麼也睡不著。拂曉後不久，他就在房裡聽見蟋蟀的叫聲。讀者發現了嗎？這次是蟋蟀主動找上門來了，發現的地點就在家門口！這暗示著什麼呢？在經過這一切之後，這位尋訪真實自我的中年人，不再對內心的直覺互不相識。破曉象徵著重生，長夜已盡，黎明現身。他在房子裡就能清楚聽見蟋蟀的聲音，不再需要向外探尋。

然而，這一次他變得比以往更加謹慎了，他不再胡亂拿取潛意識的禮物，而是有選擇地接受，並批判性地檢驗它。成名將不起眼的小蟋蟀帶出門，先與村裡的蟋蟀高手比拚，確認了這是隻驍勇善戰的蟋蟀後，才將牠交給縣令。一直到這裡，成名才迎來了真正的成長。

把他拿來真實生活裡看，這樣的人開始能分清楚教條與教義的差別，他理解內在的清明程度才是判斷教義的依據，而非那人的頭銜與資歷。兒子變成的小蟋蟀輕健敏捷，為成名帶來了名聲與財富，一年多後他逐漸甦醒，講出了這段故事。從象徵的角度來看，成名的名利雙收是他透過兒子的變形接通了內在直覺與人格面具的結果，從而使舊有的人格得到更新。同時他日後的成就及官府的回報，也象徵著成名在完成整合後的充盈狀態，那能夠表現出成熟的天真的人，內在也是充實的。

一個面臨中年危機，總是從物質角度思考及處理問題的男人，在內在女性（亦即阿尼瑪）的幫助下，一路向內，終於從人生的意外中重新發掘出他失落的好奇與天真。促織傳說中的變形帶來了正向的結局。

抽完五十下之後，那僧人又被脫去衣服再鞭了五十下，另外兩人急得手足無措。老和尚看那僧人已經癱軟在地，就說：「可以了，把他拖起來吧！」此時他們看見自己的同伴已經變成一隻馬。

三、僧人化馬（日本・《今昔物語集》）

故事大綱

很久以前，有三個僧人結伴同行，打算去四國的邊境雲遊。不幸的是，旅途並不順利，他們在走進深山之後迷路了，無奈只得寄望佛祖的保佑。

當他們踏進一座渺無人煙的深谷時，恐懼席捲了他們的心，就在絕望之際，突然出現一塊平地，上面還有幾間圍著籬笆的平房。在這樣的地方竟然還有住屋，三人心中暗自疑惑，但目前沒有選擇的餘地，哪怕是妖魔鬼怪也顧不得了。

其中一位僧人問道：「請問裡頭有人嗎？」

不一會兒便有人回答：「誰啊？」

僧人喜出望外，並說道：「我們是雲遊的僧人，途經此地不幸迷路，希望能為我們指點出口。」

不一會兒，有一位年約六十多歲的老和尚走了出來，他的五官猙獰，一眼望去讓人不寒而慄。他們三人壯了膽走進屋內，剛剛坐定，老和尚就招呼他們吃喝起來，還來不及思考，老和尚又叫了一位法師進來，讓他去取馬轡和鞭子。

法師取回後，老和尚吩咐他：「按照慣例處理他們。」

法師立即動作，抓起一位僧侶拖到院子內，其他兩人還不明就裡時，只聽見院子裡傳來鞭子的抽打聲和僧人的呼救聲。

抽完五十下之後，那僧人又被脫去衣服再鞭了五十下，另外兩人急得手足無措。老和尚看那僧人已經癱軟在地，就說：「可以了，把他拖起來吧！」此時他們看見自己的同伴已經變成一隻馬，一旁的法師正熟練地將那匹馬套上轡頭。

他們腦袋一片空白，法師又將其中一位給拖了出去如法炮製，那位僧人也變成了馬被拉到屋後。

眼見兩位同伴都變成馬，最後一位僧人滿是驚恐，只得在心中默默祈禱。但老和尚沒讓法師打他，而是將他擱在一旁，叫他老實待著。就這樣，這位僧人獨自坐到了天黑。

焦慮一直沒有離開過他，他暗自盤算，為什麼不逃呢？想著想著，又傳來老和尚的可怕聲音，他叫僧人去屋後的水田察看有沒有水。僧人只得依照吩咐過去瞧瞧。待他回來向老和尚報告之後，他才意識到，接著該換他被變成馬了！

時間慢慢過去，人們紛紛入睡了。僧人趁機逃跑，什麼也沒拿的他，一口氣跑了一里多，抬頭一看，眼前又是一座屋子，但他再也不敢進去了。

正當這麼想時，屋內閃出了一位女子，他將一切和盤托出，希望得到幫助。女子很同情僧人，關鍵的是她似乎並不吃驚，還邀請僧人進屋休息。進屋後她才說出原委，原來她是那位老和尚的長女。她告訴僧人，老和尚之所以沒有將他變成馬，而是讓他察看水田，目的是想活埋他。僧人嚇出了一身冷汗。

但幸運的是，這位女人並不是她父親的幫凶，她告訴僧人去找她山下的妹妹，還親自寫了一封信給他轉交。

道謝之後，僧人立即下山找到了那間屋子，把信交給主人。那女人了解狀況之後，告訴僧人她現在這裡也有一些可怕的事，要他躲起來不要出聲。僧人連忙點頭，藏了起來。不久之後，一股腥味撲鼻而來，只見屋內進來一位長相奇醜的人，那女人似乎和他很熟，兩人聊了片刻後雙雙入眠。一陣男歡女愛後，怪人又離開了。原來那女人是怪人的妻子。

怪人離開後，女人告訴僧人離開山谷的道路，對他能夠逃離險境感到吃驚與安慰。僧人道謝之後便離開了。

走著走著，天漸漸地亮了，四周已是熟悉的路，他這才鬆了一口氣。這時，眼前出現了村莊，他便去找戶人家歇腳，並說出自己昨晚的遭遇。聽者倍感吃驚。

不久之後，僧人的故事傳開了，全村的人議論紛紛。幾個年輕人要僧人帶路，他們要率領士兵去那地方殺死老和尚。但僧人卻已記不得路，這件事就此擱置下來。

活人竟然被打成了馬，這件事僧人怎麼也想不明白。難道這就是六道輪迴的畜生道嗎？回京之後，他為兩個同伴一併修行，因此種下更多善根。由此看來，即使是一心求道，也不能過於盲目，選擇完全陌生的地方。

這件故事是僧人親口說的。

故事解析

《今昔物語集》成書於十一世紀，是日本怪談的始祖，影響後世甚鉅。芥川龍之介的作品就大量取材自該書，例如著名的《羅生門》與《竹籔中》。雖然書中有許多故事是自中國、印度，甚至希臘、羅馬及波斯所傳來，但也有不少是日本當地的傳說。這則〈僧人化馬〉的故事便是一例。

〈促織〉故事裡的成名在走向整合時雖然受了不少苦，但最終卻迎來了有意義的變形。用分析心理學的話來說，追求整合也可以說成走向「個體化」（individuation），但其過程卻不見得總是一帆風順，結局更非人人滿意，而這則傳說中的僧人就是如此。

孤獨是走向個體化旅程的前提

三位僧侶共同訪道，一同雲遊至四國的邊境，但卻在一座深山裡迷了路。訪道就是走向個體化的象徵，因為求道者要拜訪的不是別的，而是內心中的清明本性。但從深度心理學的觀點來看，這三位僧侶一開始就走錯了路，為什麼呢？因為個體化從來就沒有特定的規則可循，就其字面來看，個體化的意思就是成為一個獨特而完整的人，所以這樣的人才有資格稱為「個體」，亦即成為真正的自己。

求道者為了安全感結伴同行，結果就是一起迷路。他們迷路的地點在四國的邊境深山裡，很明顯地，這是暗示著三人共同走入了內心荒蕪的潛意識中。在意識與潛意識的交界處，由於他們缺乏前人的引導，又沒有足夠的自信，故而失去了目標。上文曾經提到癩蝦蟆這類「潛意識引路者」的象徵，在這則傳說裡完全沒有出現。原因為何？因為引路者只會在旅人孤身上路時現身。如果我們總是將決定方向的責任交給他人，那麼就永遠無法建立足夠的自信與內心的自己相遇。要想得到指引，聽見內心的聲音，前提是必須能夠忍受乃至享受孤獨才行。

每個人都應成為自己的上師

從來沒有共同成長這件事，有的只是雙方各自成就自己。真正的成長是點滴在心頭的，它或許能用譬喻的方式來接近，但從來就無法被分享。雖然許多人都能暗自感受到個體化或追求整合的願望，但想透過加入團體來達到這個目標就永遠不能實現。團體本身並沒有壞處，它提供歸屬感與安全感，在我們誤入歧途的時候可以提醒和拉我們一把。但團體也會阻滯人的修行，使我們耽溺在安全感中，而聽不清楚內心的聲音。尤有甚者，團體受到學藝不精的人把持，更容易將理論或原則變成教條，誤導了個體化的路徑。

許多人在中年時因為體驗到死亡焦慮，例如親友過世、白髮叢生，或者身材走樣、小孩離家等，逐漸開啟了存在性的需求，亦即靈性的需求。這時尋找一個團體是好的，特別是那些有著千年歷史的傳統宗教，因為它們累積了許多前人的經驗，從而能形成一套有意義的個體化或求道指南供你遵循。然而，個體化的後半段只能依靠自己，團體是暫時的歸宿，卻不是最終的歸宿。每一位有心走向整合之路的讀者朋友，務必注意到這點才好。有團體，就有人自居為上師，從而使其他人成為徒眾。每個人都應該成為自己的上師與尊者，在靈性之路上，就算有幸成為師徒，但最終人人都只是同伴。

陰影是被我們拒絕的心靈

這麼想來，他們遇到的恐怖老和尚是誰就很清楚了，就是他們心中的魔障，也就是陰影。兩位被捉走的僧侶之所以沒有能力反抗或逃跑，正是因為我們在個人的陰影面前往往無能為力。那是我們害怕、拒絕，以及不願意面對的特質及其他種種。在陰影面前，我們會顯得笨拙無力，同時又愛且恨，既親密又陌生。陰影會瞬間吸乾我們的一切，包括勇氣、自尊和那些我們引以為傲的東西。當老和尚從容地命令法師捉走兩個僧人時，他們完全失去了對抗的勇氣，因而才會遭到鞭打，使自己成為畜生。

前半生的努力是我們穿越陰影的憑藉

相反地，第三位僧侶雖然害怕，他卻念起佛號祈禱起來。易言之，他有真正的信仰，這使他能在危難之時重拾信心。所謂的墮入魔道，就是在受到黑暗面吸引時，忘卻過去在意識層面的認同，也就是我們的家園。從此觀點來說，那些我們在前半生用來建立個人舞臺、照養家人所付出的努力，在後半生探訪潛意識，走向整合之路時同樣用得著。

光從這段描述我們就明白，第三位僧人是唯一能夠穿過心中陰影，向更深處前進的求道者。而另外兩位伙伴的變形，則明指著他們的信仰是錯假和虛偽的。舉例來說，一位好的醫師或消防員，同時也是一位在面對危機時，能實踐倫理守則與標準程序的人，而非自亂陣腳或陷入驚恐，任由事件演變至最壞結局。因此面對及處理危機之際，才是考驗一個人的品行，或一門功夫是否學通透的關鍵。他雖然帶著恐懼，但仍能與恐懼為伍，老和尚之所以讓他獨自坐到天黑都沒對他下手，正是這個原因。

丹麥作家齊克果說「所謂的保有信心，就是勇氣十足地保留疑惑」，換句話說，能夠忍受未知情境帶來的焦慮，這樣的行為才是真正的自信。故事中的僧人在面對眼前的未知時，就做到了這點，他很害怕，卻忍受著自己的害怕，也因此為自己爭取到了逃生的機會。

被拒絕的陰影，必然會尋求回歸

因此老和尚換了方式，他要僧人去巡水田，是想藉機活埋他。換言之，他雖然通過了墮落為畜生的考驗，陰影仍然在想辦法吞噬他。活埋意味著將他全身丟入土地中，使之接觸不到空氣與陽光，這是陰影在尋求認同時常用的伎倆。《故事裡的心理學》下冊說到，在知名小說《化身博士》中，邪惡的海德就不斷地衝破傑奇博士的限制，使後者能夠保持原樣的時間愈來愈少，藥性也必須愈來愈強才能遏止海德自體內出現。陰影是自我的一部分，但卻因為失去我們的認可而被壓抑入潛意識中，但它總是尋求回歸，亟欲吞噬我們的人格面具，目的是讓我們正視它的存在。

第三位僧人終於下定決心逃跑，他直覺地意識到了陰影的恐怖把戲，逃離了該處。接著，他遇見了兩個女人，這一對姊妹都是老和尚的女兒。有意思的是，她們都不認同老和尚的作法，反而幫助了他。如果仔細思考她們的意義，就會發現故事的特別之處。姊姊單身住在屋裡，妹妹則與一個怪人在僧人的眼前交歡。故事雖未明言，但仍可看出之中隱含著誘惑的意味，但僧人並沒有遺忘他的目的。他一心一意想要返回正途，也就是回到大路上，離開這座深谷。從單身女子到交歡的男女，性邀請逐層明顯，這是僧人遭遇了內心阿尼瑪的引誘。

我們曾在前面說過，阿尼瑪是男性心中的女性靈魂。在這類傳說裡，多的是中年男子在迷路的過程中遇見單身女子後，便不顧廉恥地向對方求歡的劇情。要想擺脫阿尼瑪的誘惑是很不容易的。僧人能夠放下這些念頭，證明他已能收回情慾的投射，這才使他獲得妹妹的幫助，得到了指引。

天漸漸亮了，象徵著僧人已離開潛意識的恐怖幻境。找到村落的他，便說出了這個經過。但當村人提議要帶兵士回去殺死老和尚時，他已認不得來時路。於是他連同兩位同伴的份一起努力修行，種下更多善根。

青年時期對抗，中年時期和解

讀者可能會覺得這個故事意猶未盡，因為它並不如我們期待的那樣，有著與惡人對抗的劇情。如果是傳統以青年人為主角的童話或神話，我們將會看見僧人率眾復仇或機智除魔的橋段。但這則傳說卻見不到這樣的劇情安排。換句話說，陰影不是用來對抗或殺死的東西。青年人需要與陰影對抗，因為若不如此，他們就無法激發潛能與鬥志去獲取他們沒有的東西。例如成就、事業、學歷、伴侶或其他的人生舞臺。但中年人反而需與內在陰影共處，並理解它存在的合理性，這才是他們應該學習的美德。

依賴他人非走向個體化之路

故事在結語處說「即使是一心求道，也不能過於盲目，選擇完全陌生的地方。」這話說得雖好，但並不正確。僧人的錯誤並不是因為選擇了陌生的地方，相反地，只要是求道，就意味著我們一定會遇見陌生的地方和陌生的人。僧人們的錯誤是由於未能擺脫對安全感的依賴，誤將個體化視為可以與同伴共同完成的事。殊不知，成長與學習向來都是很個人化的事，到頭來只有自己清楚，自己走到了哪裡。那些搭著別人肩膀以為認得路的人，在難關現前的時候往往不堪一擊。

我們看得很清楚了，這三位僧人裡，至少有兩位的意志並不堅定，從而在陰影面前墮落成為畜生，真正通過考驗的只有三分之一。變形永遠只會指向兩個不同的方向：進化或者退化。變成馬的求道者讓我們見到了變形的沉淪意義。

四、向杲．邑人．杜小雷．金陵乙

1、向杲（中國．《聊齋誌異》）

故事大綱

向杲與自己的哥哥向晟感情非常深厚。向晟與一位名叫波斯的妓女很親密，兩人曾私定終生，但因為鴇母索價太高，因而遲遲不能成親。後來鴇母打算從良，所以願意把波斯送走。這時有一位莊公子也想跟鴇母買下波斯。但波斯告訴鴇母說：「既然都要從良了，希望讓我去跟向晟在一起，而非去當莊公子的小妾。」鴇母答應了她，便將她的心意告訴向晟。

向晟那時剛死了妻子，還未續絃，就花盡錢財把波斯娶進門。莊公子聽說後非常憤怒，在路上相遇時，對著向晟破口大罵。向晟不服氣，莊公子就嗾使下人毒打向晟一頓，向晟被打得幾乎斷氣。向杲聽說後趕緊前往，但哥哥已經死了。他悲傷之餘寫下狀紙，到郡城告官。但莊公子上下打點，讓他有冤難申。向杲抑鬱在心，無處控訴，於是懷中藏著利刃，埋伏在路上，想要刺殺莊公子報仇。這件事傳出去後，莊公子聘了一位叫焦桐的人當保鏢，他勇猛又善射。向杲無計可施，但仍日日埋伏著等待時機。

某日下起了大雨，向杲埋伏在路上，全身都濕透了。他打著寒戰繼續等。但不久颳起了大風，更下起冰雹。忽然之間，他身體不再痛癢，他趕緊往山上的山神廟過去休息。進廟之後，裡頭坐著一個他認識的道士。先前道士曾向他行乞過，向杲資助了他，兩人因此相識。

他見向杲衣褲濕透了，就遞一件布袍給他換上。向杲換上衣服忍受著寒冷，蹲在地上。突然發現自己生出了滿身皮毛，變成一頭老虎。一看道士已經離開了，他又驚又氣。但轉念一想，若能趁此殺了莊公子，吃了他的肉，這也不失為一件好事！於是下山埋伏在老地方，只見自己的屍體已經躺臥在那裡，他那時才知道自己已經死了。擔心自己的屍體被吃掉，他就在那裡守護著。

過了一天後，莊公子才由此處經過，老虎立刻跳出來把莊公子撲倒在地，咬掉他的頭，一口吞下去。保鏢焦桐見狀，立刻回馬放箭，射中老虎腹部，老虎摔倒在地死了。

回神後，向杲躺在草叢裡，恍恍惚惚如大夢初醒。又過了一夜才能步行，無精打采地回家去了。家人正在擔憂，見他回來了趕緊上前關心。向杲只是躺著，難以言語。不久就聽見了莊公子的死訊，被老虎吃了。向杲才說：「那老虎就是我啊！」於是說出了他的奇妙經歷。

這件事傳開後，莊公子的兒子非常氣憤，告上了官府。但官府認為此事荒謬，毫無證據，於是置之不理。

故事解析

同樣是人變成了動物，此篇的主角向杲卻有著與上述日本傳說中的僧人完全不同的結局。僧人化馬之後永遠失去了人的樣貌，向杲卻反之，他在憤懣沮喪之餘變成了老虎，而後又成功地返還了人形。

向杲與哥哥感情深厚，因為娶妻一事，讓向晟被莊公子命人毆打致死。向杲為了替兄長出氣，寫好狀紙告上官府，但官府收受賄賂不願處理。因此復仇心切的他只能身懷利刃，埋伏於路旁，伺機行動。然而，莊公子卻聘來了保鏢焦桐，讓他急切不得下手，只能伏在路邊等待機會。

心理學中的優勢與劣勢功能

自表面上看，向杲的復仇是由於文官體制的敗壞所激起。官府是古人解決糾紛之處，也是執行政務之所。我們的意識自我則用以判斷是非、區別利害，並執行日常生活中的一般功能。因此從深度心理學的角度來說，官府之所以會收受賄賂，並對向杲的告訴不予理會，正說明了自我意識已經腐朽失靈。同時暗示我們有著過度認同外界評價的毛病，因此才會接受外人莊公子的「打點」，這樣的危機暗示著當事人已經無法公允妥當地處理我們的內在事物。向杲在此處是作為「劣勢人格」

而存在的。榮格認為，人們擁有著思考、情感、感官與直覺等四大心理功能。我們偏好其中某一種作為我們的「優勢功能」，優勢功能是我最熟悉也最仰賴的心理功能，這可能是遺傳的天賦，也可能是後天的教養所造成。

然而，既然存在著優勢功能，就相對地也會有「劣勢功能」存在。劣勢功能會被我們壓抑至潛意識中，成為陰影滲入意識的破口，它是優勢功能的對立極。而故事裡財大勢大的莊公子正象徵著優勢功能，而對他無可奈何的主角向杲則是劣勢功能。向晟與波斯則是另一組被稱為「輔助功能」的心理功能。因為他們是一對夫妻，而在一般的親密關係裡，夫妻常常作為彼此的對立極而存在，所以他們自成一組。

優勢功能的獨斷在此故事中已經到了非常嚴重的地步。他打死向晟，使波斯守寡，又買通官府，讓向杲無計可施。這是優勢功能不斷侵害其他三個心理功能的過程，最後象徵劣勢人格的向杲不得不開始了一連串的反抗。但他始終無法上達意識的天聽，而是被意識及其擅長的優勢功能所拒絕。他們之間的關係可用下圖來表示。

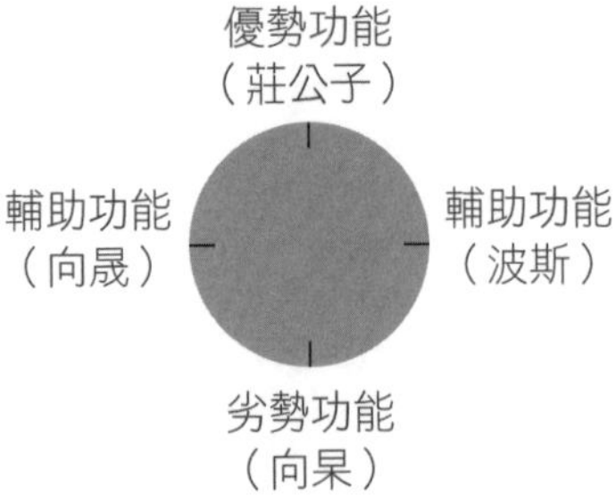

劣勢功能往往與陰影混雜

我們先前提過，完整是人一生的追尋。陰影不會因為我們的拒絕而罷手，它會以各種形式對我們現身。在伴侶身上、孩子身上，乃至朋友、同事、客戶或鄰人身上，我們都會看見自身的陰影在那裡張牙舞爪。而劣勢功能則尾隨其後，或者為之帶路，讓我們遲遲不願意去發展和面對我們失落的一角。舉例來說，負責編織夢想的妻子（直覺）和務實穩重的丈夫（感官）結婚，這類婚姻是標準的互補型配對。這樣的相處方式乍看之下很輕鬆，但久了卻會有糟糕的後果，當事人在無法失去對方的同時，內心也討厭著對方。為什麼呢？因為不同類型的人，雖然常會彼此吸引，但根本上就很難相互理解。由於缺乏理解，但內心卻又需要對方提供自己匱乏之物，因此兩人之間往往形成既愛且恨的關係。這也說明劣勢功能往往與陰影混雜。

那些當初吸引我們的優點，在婚姻裡很快就會成為令人不滿的缺點——互補型的婚姻往往會釀成這樣的局面——雙方漸漸地將對方視為某一種工具，白話一點說，女方下意識地將男方視為飯票，男方下意識地將女方視為妝點（意指優雅的好妻子）。當人變成了一種工具，緊接而來的就是愛的消逝。因為人從來不會只滿足於當一種工具，他尋求真正的自己。換言之，尋求成為一個完整的人。感情中的雙方如果不能共同攜手向前，擺脫彼此成為對方所需要的功能階段，關係裡的愛就注定死去，成為責任、抱怨、權力爭奪與懊悔的集合體。

為了補償自我的錯誤，夾帶著潛意識訊息的向杲必須一再發出挑戰。如果意識人格（官府）不予接受，仍舊偏袒著象徵優勢功能的莊公子，那麼潛意識就會以更激烈的方式回應，向杲身懷利刃的原因就是如此。

潛意識中的死亡焦慮

那麼莊公子又是怎樣的一類人呢？當他耳聞向杲隨身帶著利刃的消息之後，便請來了武藝高超的焦桐來保護自己。用存在心理學的角度來看，這一段讀起來相當有既視感。存在取向認為，我們會用最嚴厲的方式來抵禦死亡焦慮的侵襲，舉例來說，讀者或許都有參加過喪禮的經驗吧！理論上來說，那不正是死亡焦慮最易爬上我們心頭的時刻嗎？但我多次看見身處其中的人們不過是行禮如儀地哀悼、惋惜，然後轉身繼續原本無知無覺的生活，彷彿死亡於我並不存在。「保持麻木」是最常見，對死亡的防衛方式，只要我繼續無感，死亡便不能侵襲我，保鏢焦桐就象徵著這樣的防衛機轉。

生活中充滿各種潛意識送來的訊息，當中有許多都會提醒我們當前生活的錯誤。這種內心與外境共感共振的現象，被榮格稱為「共時性」。夢境中有很多這樣的例子，下面那些詭譎的夢境無不是潛意識送來的訊號：走錯路、跟錯老闆而不受重用、飛機失事、被奇怪的生物追趕、夢見自己殺人、躺在棺材裡參加自己的葬禮……這些夢境都有失卻生活方向或活錯人生的意義，但有多少人在早餐吃完前就忘了它呢？就算能意識到這一切的人，也往往像莊公子一樣請個保鏢當免除恐慌的安慰劑，而不是面對自己真實的人生問題。正因為畏懼死亡或者生病，所以我們認真運動、改掉吃宵夜的習慣。這些習慣確實會讓我們健康，但不會讓我們永生。相反地，正是因為會死，人才能時刻保持警覺，去反思自己的生活態度。焦桐存在的目的是屏障我們對死亡的覺察，屏障潛意識送來的補償訊號，只為了讓老舊的自我能繼續地運轉下去。

劣勢功能更接近自性

就這樣過了好一段時日，天空下起了大雨，接著颳起了冷風，落下了冰雹。躲在路旁的向杲又冷又無助，忽然之間他的身體不再有知覺，他站起身躲進山上的山神廟內，在那裡他遇見了曾經資助過的道士。容留著乞丐道士的山神廟非常詩意地象徵著我們內在的「自性」，我們先前談過，自性是我們人人心中本自具有的完整與神聖的原型。亦丐亦道，住在山上破廟的道士送給向杲一件袍子，這無疑是自性透過信差送來的禮物。道士本身就是溝通人神的職業，一如巫師。這樣的跨界者往往會在故事與傳說中擔任啟發男女主角的角色。《魔戒》裡的甘道夫啟發了好逸惡勞的比爾博前去孤山冒險；〈促織〉的女巫也指引了成名找到蟋蟀的路徑。

袍子，也就是衣物。這件衣物即將讓向杲轉換身分，使之回歸動物性層面。我們知道，劣勢功能因為身處於潛意識，因而跟那些我們所反對和鄙棄的固有特質特別接近，動物性本能就是其中之一。故事裡頭說，道士曾經受過向杲的資助，換句話說，向杲認得出誰是潛意識的使者。比起優勢功能的莊公子，向杲更接近我們本有的完整自性。

化為老虎的意義

當向杲換上這件袍子後，他變成了老虎。這次的變形顯然是有深刻成長意義的，如果說向杲是我們的劣勢功能，那麼這則故事無疑是在說：唯有通過劣勢功能，我們才可能碰觸到內心的真我與內在動物性整合。

化身成老虎的向杲返回原先的躲藏處，他在那裡看見自己的屍體。易言之，他舊的自我已經死去，猛獸成為他的新身分。這是一次人化為獸的變形，也是我們與內在動物性的整合。擁有老虎之身的向杲，仍然能以人的角度來思考，因此向杲變形的深度是其後三篇分別變成了豬與狐的小故事所完全不能比擬的（亦即〈邑人〉、〈杜小雷〉、〈金陵乙〉等篇）。

轉化後的劣勢功能對自我及優勢功能來說雖然很可怕，但對整體人格或靈魂而言卻很有益處。待莊公子路過，老虎縱身一躍，便啃掉了莊公子的頭顱。傳說刻意將老虎所攻擊的部位給寫出來，這絕非意外。那些特別被描繪的細節往往具備特別意義。在臺灣的知名傳說〈虎姑婆〉裡，假扮成伯母的虎姑婆半夜正在啃著什麼東西，因為禁不住姊姊的苦苦哀求，虎姑婆才丟了一根生薑給她，沒想到，那竟然是妹妹的手指。同樣是老虎殺人的故事，〈虎姑婆〉雖然也帶著相當血腥的成分，卻跳過了殺死妹妹的細節。兩相對比之下我們就可明白，此篇傳說刻意指出莊公子的頭顱被老虎咬掉，顯然是有意為之。

劣勢功能的反撲

頭腦是我們思維與決策之處，老虎咬掉莊公子的腦袋，顯然是一次混同了原始動物本能的劣勢功能向優勢功能的成功示威。藉由吃掉了莊公子的頭，傳說加重強調了優勢功能在劣勢功能的反撲之下喪失了原先的主導地位。成長往往帶著暴力的性質，此處又是一例。新聞裡，有時會見到擁有高學歷的竹科工程師突然為風塵女子深深著迷，從而被詐騙的消息，這是作為優勢功能的思考功能突然被劣勢的情感功能給入侵的例子；或者事業有成的中年人突然鑽進了古董藝品的領域，痴迷地收藏起被過高估價的擺設或藝術品，此中也含有作為劣勢功能的直覺一躍而入意識之中，將原先優勢的感官功能給推翻的意味。

我自己的劣勢功能則很明顯地落在感官這個向度，對於身體、飲食、擺設或日常用品的質地我幾乎很少或未予注意。這一方面造成我生活品質低落，另一方面也使我在進行生涯選擇時嚴重低估出社會後可能遇上的困難。我喜歡以及擅長的學科幾乎都是冷門的人文領域，我沒辦法定下心來有條不紊地將眼前手邊的事情處理好，因此我的辦公場所混亂不堪，受到直覺功能過於強勢的影響，我在處理行政事務時也是小錯不斷，必須仰賴同事的細心校正。在孩子出生後兩年，我突然愛上了收藏玩具小車，它們精緻的小巧外觀和豐富的款式深深地讓我著迷，但其細節的變化則是一門很深的學問，我完全摸不著門路，這種只知購買卻不懂欣賞之道的低階收藏方式，以及我買回玩具小車後卻任意堆放的習慣，都說明我的感官功能相當幼稚。它在我邁進中年時粗暴地襲擊了我，從而揭示了我的個體化任務，一如向杲化成的老虎倏地咬掉了莊公子的頭。

劣勢功能的整合不會一步到位

莊公子的保鏢在發現老虎咬死主人後連忙向老虎射出一箭，老虎立即命喪當場。然而，向杲的魂魄卻返回了自己的肉身，並向家人說出了一切。莊公子的兒子得知事情經過後隨即向官府舉報，但官府卻不願受理此案，這是意識人格得到轉化的證明。原先收賄枉法的官府這次卻改站在向杲這一方，認為莊家的指控毫無證據。不僅向杲的正義得到伸張，官府所象徵的自我也得以更新。

過度仰賴優勢功能來為人處事而逐漸失去彈性的自我，如今透過劣勢功能與本能的力量而使錯誤的意識態度得到了補償。官府與莊家開始保持距離，不願因片面之詞就將向杲定罪。換句話說，此時的自我更願意讓劣勢功能擁有不被優勢功能侵呑的空間。臨床上，能夠走到這一步的當事人，將會有意識地讓自己親近那些原先被他給輕忽或排斥的事物。儘管練習與使用我們的劣勢功能，使之能逐漸被自己給整合依舊是一條漫漫長路，但當事人的個體化進程已在此時重新走上正軌。向杲傳說用復仇的形式生動地表達出劣勢與優勢功能之間緊張的競爭關係。

雖然傳說在此告一段落，但關於劣勢功能的處理，此處不妨再多說幾句。如果人們放任自己將劣勢功能投射到外界，或者讓他人來承擔自己的劣勢功能固然可以很輕鬆，就如我們常在親密關係中看到的那樣：活潑的喜歡上文靜的；黏人的喜歡上獨立的；安靜的喜歡上多話的；理組喜歡上了文組等等。在這樣的關係裡，我們可以過得很自在，因為另一半替我們承擔了我們不熟悉的那個部分，我們自己只需要繼續做我本來就熟悉的事情就可以。但關係不會永遠這樣下去，因為沒有人想永遠只當對方的工具，也因為我們最終會面臨成長帶來的壓力，我們想當一個完整的「人」，而不是只成為另一個人的「功能」，或對方失落的一角。在那個時候，我們內心的向杲就會再度化成老虎出現，逼著我們承認劣勢功能的存在，而後開啟下一段整合的旅程。

2、邑人・杜小雷（中國・《聊齋誌異》）

故事大綱

（1）邑人

城外有個鄉下人一向無賴成性。某天早上起床後突然被兩個人捉走了。一直來到市場前，看見一個屠夫正把半頭豬給懸掛在架子上，兩人用力推他，他就和那豬肉合為一體。那兩人就逕自離開了。不久，屠夫開始做生意，拿刀切著肉，他便感覺切一刀痛一下，直痛到骨頭裡。還遇到一位買肉的鄰居老頭在殺價，屠夫只得細細地割著肉末來補足斤兩，這讓他苦不堪言。直到肉賣完了，他才找到路回家。到家時已經過了早上七點。起床後他詳細地向家人講著自己的遭遇，叫了鄰居買肉的老頭來問，情節竟然分毫不差。

（2）杜小雷

杜小雷是益都西山人，他母親雙眼失明，但他自幼孝順地侍奉母親，家裡雖然貧窮，但給母親的好東西卻從來不缺。

某天杜小雷外出，就買了肉交代給妻子，讓她做肉餅給母親吃。他的妻子大逆不道，對婆婆向來很不尊重。她切肉時故意將蟑螂給放在裡面，母親覺得肉餅內有股臭味，因此放著不吃，藏起來等兒子回家看。杜小雷回家後問候母親：「肉餅好吃嗎？」母親搖搖頭，將餅拿出來給兒子看。杜小雷看見裡面竟然包了蟑螂，心中大怒，回到臥室想打太太一頓。但又擔心母親聽見，因此很是猶豫。妻子問他怎麼了？他閉口不答。妻子自己知道有錯，於是不敢上床。

過了很久，就聽見床下有喘息聲，杜小雷喝叱她：「還不上床休息，是討打嗎？」妻子仍舊不回答。他坐起身，點上燈，竟然看見地上有一隻豬，再仔細一看，牠的兩隻腳還是人腳，這才知道那是妻子變成的。

縣令聽說之後，就將她綁起來遊街，警戒那些不孝的人。譚薇臣曾親眼見過。

故事解析

接著的這幾篇故事都是人化為獸的傳說，其原始性可從它的篇幅看出來，它們的內容多半短小，充分反映出傳說的特色，它的來源是鄉野奇談，總是根據某人的述說，逐漸傳抄過來，有著濃厚的警世功能。

〈邑人〉這故事說的是鄉下的無賴在某日早上被兩個人帶去肉攤，強迫他變成了肉攤子上的半隻豬。屠夫切那隻豬時，他便感到萬分難受。就這樣折騰到那半隻豬全賣完了，他才能離開回家。〈杜小雷〉說的是杜小雷的媳婦不僅目無尊長，而且性格乖張。她竟然在做給瞎眼婆婆的肉餅裡摻了蟑螂，意圖蒙混欺負她，杜小雷知情後雖然隱忍不言，但不久就發現妻子躺在床下，除了兩隻腳還是人身外，其餘部分竟已變成了一隻豬。

這兩則軼事都很短，後文甚至附上了故事所在的地名以及見證人姓名，意在加深故事的可信度。兩個傳說有一個共通處，就是人變成了畜生，而且都是豬。特別有意思的地方在於，他們都變成了半隻豬，而非整隻。易言之，他們的變形不僅很清楚地是一種向獸性的墮落，同時也是內在發展不全的結果。他們各只有一半，變成了四不像。

豬的象徵意義

豬是一種偶蹄類動物，相貌跟人完全不相似。豬很貪吃、性慾強，也有相當優越的智力，而在心理上，人類也是如此。我們的貪婪與牠的口腹之欲如此相似，以致於不僅《聊齋誌異》中有這樣的描述，希臘神話中，奧德修斯（Odysseus）的伙伴也因為貪吃、迷戀女色而中了女神瑟西（Circe）的計，全部給變成了豬。幸虧奧德修斯在援救的路上遇見了天神赫密斯（Hermes）出手幫忙，才倖免於難。近代的著名動畫《神隱少女》也描寫，少女千尋和她的父母在搬新家的路上偶然穿越了一個洞穴，來到一座無人小鎮。她的父母在餐館裡隨意拿取食物來吃，結果變成了豬。著名的諷刺小說《動物農莊》又名《一臉豬相》，裡頭那個貪戀權力、滿口謊言、坐享其成的統治者拿破崙則是一頭公豬，故事裡的牠繼承了人類的全部缺陷。

我們幾乎可以說，豬是我們投射自身邪惡特質的承載物，至今牠還是我們拿來罵人的話。臺灣人形容一個好色的人是「豬哥」，愚蠢的人是「豬頭」，還有其他更不雅、更挑釁的詞彙，這裡不再列舉。人變成了豬，甚至只變成了半隻豬，相當程度上，半人半豬的形象暗示著這兩個主角不論是當人還是豬都不夠資格。從心理學的角度來說，這是人過度向內在的動物性靠攏，拒絕進化或成長的結果。向杲化虎是使自己從潛意識處得到了反抗的資源與力量，邑人與杜小雷之妻則反之，用精神分析的語言來說，他們從未成功地跨越自戀與自愛的原始階段，他們之所以只能是一半的人，正是此意。

是我們「選擇」了自我實現

發展不全的半人形象我們同樣可以在《哈比人》一書中看見，我們曾經在《故事裡的心理學》下冊裡談到，主角比爾博與他的族人們被稱為「半身人」，即使是成年人，他們的身形大小也只會有正常人類的一半。他們嚮往安全，高度重視物質生活，拒絕冒險可能帶來的各種麻煩。易言之，他們沒有活出作為一個人的全部，他們只活出了生命一半的可能性。

然而，此處的半豬人象徵更為低下，傳說主角不僅未能活出全部的生命，更沾染了牲畜的大半特質。比起哈比人的生命課題是奮力地追求成長，邑人與杜小雷之妻的課題則是要先避免墮落。人本心理學相信，人性中固有著自我實現的傾向，環境因素雖會使他暫時停頓，但卻永不消失。但存在心理學家羅洛梅卻認為，自我實現從來不是自動的，而是選擇的。易言之，人可選擇自我實現，也可選擇自我墮落，人的意志在這件事上具有決定性的地位。變形傳說的主旨同樣肯定了存在心理學的觀點。惡或許是一種本質，善良卻是一種選擇。

3、金陵乙（中國・《聊齋誌異》）

故事大綱

金陵有個賣酒的人，名為某乙，每當酒釀成時，他就會在兌水時摻進麻藥。因此只要喝過他的酒的人都會大醉。因此他得到了「中山」的外號，發了大財。

某日他起床後，看見一隻狐狸醉倒在酒罈邊，他便將狐狸綁起來，剛要找刀，狐狸已經醒了，牠苦苦向某乙哀求：「請別殺我，想要什麼我都答應。」於是某乙放了牠。狐狸一轉身就變成了人。當時有一位姓孫的人家，大媳婦被狐狸給迷住了。某乙問牠怎麼回事？狐狸回答：「迷住她的人就是我。」某乙覺得孫家的二媳婦更美，就求狐狸帶他一起去。狐狸很為難，但也只能答應。

當他們從孫家門外的地洞進去後，狐狸拿出一件褐色的衣服，對某乙說：「這是我過世的兄長留下來的，你穿上它就可以進去了。」某乙穿上後回家，家人都看不見他。某乙大喜，與狐狸一同去孫家。

但他們進去後卻看到牆壁上貼著一張符咒，狐狸害怕地說：「和尚太可惡了，我不去了！」說完轉身就跑。某乙慢慢地湊過去看，只見那符咒上有一條龍盤繞，昂著頭要飛過來。某乙大驚，也跑出來了。

原來孫家找了和尚作法捉狐狸。第二天和尚設壇作法，鄰居們都一起過來看，某乙也夾雜其中。忽然某乙臉色大變，急忙跑了出來，似乎被什麼抓住了一樣。到了門外，某乙倒在地上變成了狐狸，身上還穿著人的衣服。和尚走了過來要殺某乙，某乙的妻子向和尚叩頭求饒了丈夫。家人每天餵狐狸某乙吃飯，過了幾個月，他就死了。

故事解析

金陵乙是一位奸商，透過摻藥來製酒，還因此獲得了「中山」的封號。這個封號源於古代的釀酒名人狄希，他能釀造「千日酒」，飲者會大醉千日。因為他住在中山，故得此名。相傳州裡有位叫劉玄石的人跟他討酒喝，狄希以尚未釀成為由拒絕，後來因為拗不過請求，才讓他喝了一杯，就請他回去。回去後劉玄石醉死家中，家人流淚將他下葬。三個月後，狄希算算時間，劉玄石應該醒來了，於是去他家拜訪。這才發現他已經入葬，於是趕緊叫家人開棺。開棺後，劉玄石果然悠悠醒來，拖長了聲音說：「太爽了，醉得我好舒暢！」看見狄希也在那兒，就問他：「你這什麼酒？讓我醉到現在才醒來？太陽多高了現在？」旁人聽了都跟著大笑。但因為被劉玄石身上的酒氣給薰到，回去後也都醉倒在家中三個月。

來自潛意識的聲音

金陵乙因為製假酒名利雙收，但就在此時，他發現了一隻狐狸醉倒在他的酒罈邊。狐狸是中國北方常見的動物，在中國文化裡，狐狸占有十分特殊的地位。我們在下一章中會專門分析狐狸變形為人的各種故事，此處先簡單帶過。

正當他要取刀殺狐狸時，狐狸醒來了，而且還向他求饒。易言之，故事裡的狐狸不是狐狸，從深度心理學的角度來看，金陵乙聽見的不是狐狸說的話，而是自己潛意識的聲音。

酒的社會功能

金陵乙的職業很特別，他是一位釀酒人。酒是穀物發酵後所製成的飲料，它是豐收的象徵，因為只有穀物有剩餘時，人才可能拿它製酒。在埃及，酒曾經被當作貨幣之一，用來支付給協助建造金字塔的小孩與女性。它同時也是祭品，用以感謝神明庇佑，並祈禱來年同樣順利豐收。在各地原住民的儀式中，酒也扮演重要的角色，它可能被摻入其他藥用植物，達到致幻和放鬆的效果。參加者透過這樣的儀式，重新經驗與族人和天地之間的一體感，從而凝聚部落的向心力。

《搜神記》裡有這麼一篇跟酒有關的故事，名為〈東方碩灌酒消患〉。漢武帝東遊，在出函谷關前被一隻怪物阻擋，牠身長數丈，長得像牛，青眼耀睛，四隻腳都伸進土裡，能動卻不肯離開。隨行的百官都為之驚駭，不知該拿牠怎麼辦。東方碩上奏，用酒來灌牠。果然，灌了幾十斛後，那妖怪就消失了。皇帝問他原因，東方碩回答：「此怪物的名字叫做『患』，牠是憂愁之氣所生的。這地方一定是秦國以前的監獄，不然就是犯人聚集的場所。酒能忘憂，所以能消除此怪。」皇帝驚嘆地說：「博學的人竟然能有這麼大的本領啊！」

很明顯地，酒的主要用途是忘憂。曹操在〈短歌行〉中也留下千古名句「何以解憂？唯有杜康。」杜康就是酒的意思。

回到故事來看，金陵乙的釀酒師職業不僅是神聖的（用以祭祀），同時也是世俗的（用以忘憂）。然而他的德行敗壞，透過造假來讓自己得到不應得的好處。狐狸之所以在他的酒罈邊現身並不是為了別的，而是為了帶他一窺內心的風景，以補償錯誤的生活態度。在日常生活的情境裡，狐狸則顯現為各種生活意外，例如求職困境、關係破裂，或者親子衝突。而學習深度心理學的人在遇見這些意外來訪的「狐狸」時，則會一併思考個人在其中所應負的責任。

意外背後隱含著個人的責任

但金陵乙卻拿起刀要殺死這位來自內心的使者。易言之，他拒絕意外，他想打擊意外。他像每個還不認識陰影的人一樣，將意外視為一種外在的事件來處理。這樣的人會傾向將意外的起因悉數歸因給外界，要求某個人為發生在他身上的意外負完全的責任。刀是意識的象徵，因為它的鋒利性與切割的功能都與意識的功能相符。刀具也是人造物，是人類冶礦與鍛造技術下的產物。透過刀具，人類拓展了荒野，驅離了野獸，擴展了自己的生存空間與物理世界。而人類的意識則可用來辨別區分，為事物命名，並對其做出歸類與整理。命名，也就是將陌生的事物化為語言以納入我們意識的管轄之中。這件事本身就會降低我們的焦慮。透過語言的使用，我們擴展了自己的認識對象與人際世界。因此，刀象徵著我們的意識。

而金陵乙拿刀威嚇狐狸就是試圖將陌生的內在訊息給納入管轄的嘗試。但人格內在的失衡往往也會透過外在的具體事件呈現，兩者之間存在著極為巧合的非因果關係，我們先前曾提過，這在榮格心理學中稱為「共時性」。因此，金陵乙此舉不是很正常的嗎？我們認為生活的每種不如意都與環境有關，錯的是婆婆、是配偶、是爸媽、是反對黨、是大時代。雖然環境因素無疑是造成個人困難的重要原因，但學習深度心理學的人依舊會思考這些不如意的背後，是不是也如我們在上面提到的那樣，暗含著屬於自己的責任？

跨界遊走的狐狸

狐狸苦苦哀求，希望得到饒恕，還給了他一個難以拒絕的提議，「你要什麼都能答應。」因此金陵乙放下了刀，跟牠談起了條件。

由於狐狸總是出沒在戶外，與人保持不那麼遠的距離。因為人很容易看見牠，卻不容易捉住牠，因此牠在中國人心中有著跨界遊走的特質。明明很靠近，卻不與人親近，這樣的生活習性使狐狸成為中國人投射內心欲望的最佳載體，因而是中國傳說中相當常見的潛意識象徵。易言之，牠就是我們前面提過的，穿梭在意識與潛意識之間的引路神。從此觀點來說，狐狸並非不小心被抓到的，剛好相反，以其狡詐的特質來說，倒不如說牠是刻意被抓到的。潛意識有心留下破綻，讓金陵乙能夠發現，進而開啟整合之路，但金陵乙卻希望狐狸能帶他去親近孫家的二媳婦。此處狐狸之所以顯得很猶豫，用心理學的角度來說，是因為那並非牠來到這裡的目的。

透過擁有更多來迴避死亡焦慮

我們說過，潛意識總是帶有補償的功能，由於我們內在的自性總是嚮往著完整，因此它會糾正我們生活態度的錯誤。特別是在中年時期，我們的體力精神、外表樣貌都已經臻於顛峰，甚至開始下滑的時候，人的心理能量逐漸轉而向內，這時追求完整或補償的動力將開始明顯。這是狐狸潛入主角家中的原因，然而金陵乙卻錯失了這個機會。要知道，作為引路神的狐狸並不一定會讓我們走向生命，只要我們錯判形勢，牠也能讓我們走向死亡。而金陵乙選擇了後者。

金陵乙的選擇幾乎就是大多數事業有成的中年男性的選擇，如果我會衰老、我會死，那麼我就透過擁有更多來迴避衰老與死亡。而想要擁有更多的欲望不脫兩個：財富與色慾。金陵乙已經大富，他選擇的是後者。我們常說，男人有錢就會作怪。這話只對了一半，應該說，錢是一種放大器，它放大了我們的欲望。對貪婪的人來說，錢會放大他們的貪婪；對吝嗇的人說，錢也會放大他們的吝嗇。因此真正該被檢討的不是財富，而是我們自己的靈魂與品格。

地洞的象徵

狐狸帶他穿過地洞，拿出了一件褐色的衣服要他換上。地洞的隱喻很清楚，是深入潛意識的意思，然而某乙深入潛意識的意圖卻不是為了整合，而是為了滿足接近黑暗的欲望。進入地洞是變形前的準備，換穿褐衣則是變形的完成。進入地洞或黑暗處所象徵的假死狀態，是許多童話或傳說故事所常見的重要時刻，多數男女主角會在其後改頭換面，或者重生復活，或者逃出生天。在那裡，男女主角的幼稚自我會死去，並在此過程裡長出新的、更為成熟的自我。但金陵乙沒有。他在此處已經完全地將自己與內心的動物性混同，黑暗的自我誕生了。

他本來就是個損人利己的中年男子，與潛意識的接觸不僅沒有讓他導正，反而使他更加淪落。這故事無疑在提醒我們，我們如何使用眼前的寶物是很重要的。潛意識會送來贈禮，但我們的意識卻可以選擇如何使用這份贈禮。這麼說來，整合的動力雖然出自於潛意識，但整合的努力卻源於我們的意識。易言之，人能選擇為善，亦能選擇為惡。金陵乙選擇了後者。

糟蹋潛意識贈禮的結果往往是難堪且有害的。某乙穿上褐衣後變成了狐狸，易言之，他選擇認同自己的動物性，棄絕了身而為人的基本條件。結果進了孫家房門後，反而是狐狸逃跑了，因為孫家請來的和尚貼了一張法力高強的符咒在牆上。狐狸自知不是對手，但某乙卻不知道。明明後者也已變成了狐狸，卻對同伴的反應絲毫沒有意會，這不能不說是一件奇怪的事。我想，原因就出在某乙對內心黑暗面的全然認同。

認同黑暗的危險

狐狸本來是潛意識訊息的象徵，當某乙選擇拋棄自己的人類身分時，作為傳訊者的狐狸也拋棄了他。某乙不僅分不清是非善惡，也分不清強弱與危害。潛意識的直覺或動物本能本來可以保護我們不輕易犯險，這是千萬年來演化的結果。過於自信的人會放大眼前的好處，低估環境的危險。認同黑暗的人不僅會使自己被黑暗吞噬，同時也會被光明所灼傷。當他好奇地想湊過去看那符咒時，符咒上象徵著光明的龍卻朝他飛了過來進行攻擊，這說明他在光明（也就是龍）的眼中已經完全墮落，並成為黑暗的一分子。金陵乙因此既被狐狸拋棄，又被光明所鄙棄。

不也有那些在成長路上走偏的孩子嗎？他們似乎仰慕著黑暗能帶給他們的各種利益，畢竟他們認為自己並不為光明所接受，因而長成了黑暗的自我。我發現做出這種選擇的當事人很少意識到認同黑暗所帶來的危險。這樣的危險是雙重的：首先，黑暗不會帶來保佑，崇拜黑暗的信徒只會成為黑暗本身的祭品與肥料；其次，認同黑暗的人會受到光明或法律的追擊，從而使其落入了像金陵乙那樣兩面不是人的窘境。

自私之愛

隔天當和尚開始作法時，圍觀的某乙突然被什麼東西抓住了。他倒下身來，變成了狐狸，但身上仍穿著人類的衣服。至此，他已徹底地被世界給拒絕，不再是人類社群的一分子。他的倒地象徵著造假酒的惡行被揭露，人們終於認清他的本質是一隻奸詐的狐狸。妻子代他求情，但他回家後幾個月就去世了。拒絕成長的代價就是死亡，這可不是什麼尋常的日曆格言，而是臨床可見的事實。死去的不是肉體，而是我們的親密關係和自己的可能性。

從存在心理學的角度來看，沒有人可以只愛自己而不愛他人，甚至只愛某幾個人，而不去愛每個人。怎麼說呢？因為愛是一致的愛，我們怎麼愛自己，就怎麼愛他人。因此，心理學家佛洛姆才認為，那些看來自私的人其實並非對自己愛得太多，相反地，治療室中的觀察可以證明他們的問題出在對自己愛得太少。他們沒有把自己當成一個完整的人來愛，而是把自己當成一個特定的物品來珍惜，這就大大限制了他們生命的原動力與可能性。把自己當成物品的人，也會把他人當成物品。世界是內心的延伸，他人也是自我的延伸。沒有一段深刻的關係可以長久建立在物與物的交易行為上，人總是尋求與他人「相遇」。

所有真實的人生皆是相遇

我很尊敬的奧地利哲學家馬丁・布伯說：「所有真實的人生皆是相遇。」而那些不能傾其本質對著對方說「你」的人，將也遇不見自己。他只能把自己當成另一個「他」或「它」，也就是把自己當成隨時可以被取代的對象。「你」只有一個，「他」卻有千千萬萬。某乙的死，正象徵著這一點。他的前半生累積了多少名利，但卻在中年時濫用了潛意識的贈禮，他沒有離開自己貪婪的動物性，反而變本加厲地完全認同了它，這就是變形為何也可能是一種悲劇。他在對狐狸放下刀的那一刻，本有機會對原有人性中的倫理面做出更接近的嘗試，但他最終還是臣服於過去的慣性中。至於那些到死都未曾見著內心狐狸的人，比起金陵乙那是更不如了。

魚客回家後幾個月，非常思念竹青，於是悄悄地換上黑衣，頓時就變成了烏鴉飛上天空。

五、竹青（中國・《聊齋誌異》）

故事大綱

　　魚客是湖南人，家中貧窮，落榜後想要回家，但盤纏已經用罄。他不願去乞討，肚子又餓極了，只得暫時在吳王廟中休息。他向神像行禮禱告之後，就出來躺在走廊下。

　　不久，來了一個人領他去見吳王。那人稟告吳王：「黑衣隊還缺一個人，可以讓他補缺。」吳王同意了，就命人給魚客一件黑衣。黑衣剛穿上身，魚客就變成了一隻烏鴉，拍著翅膀飛了出去。只見同伴們已經聚在一起，他便跟著一同飛去，停在船的桅桿上。船上的旅客爭著把肉向上扔去餵鳥，烏鴉就在空中接著吃，魚客學著牠們的樣子，很快就吃飽了。他飛落到樹梢上，非常滿足。

　　過了幾天，吳王可憐他沒有配偶，就配了他一隻叫做竹青的雌鴉。他們兩人互親互愛，相當快樂。魚客每次找食物時都沒有戒備，很信任人，竹青常勸告他，但他始終不聽。有一天，有滿人的軍士從這裡經過，用彈弓打中了魚客的胸膛，幸虧竹青將他救走才沒被捉。烏鴉們很生氣，一起鼓動翅膀，掀起了波浪，將船打翻作為懲罰。竹青叼來食物餵魚客，但因為他傷勢太重，一天後就死了。

魚客忽然像從夢裡醒來，發現自己還躺在吳王廟。原來附近的人都以為魚客死了，只是身體還溫著，所以時不時地來察看他。待他醒後，眾人一起湊了錢送他回家。

三年後，魚客又經過那裡，就往吳王廟參拜。他擺上食物，叫烏鴉一起下來吃，然後禱告說：「竹青如果在這兒，就請留下。」烏鴉們吃完都飛走了。後來，魚客考中科舉回鄉，又去吳王廟祭拜，獻上祭品。祭祀完畢後又擺上許多吃的招待烏鴉伙伴們，又向竹青禱告，希望能見一面。

這天夜裡，魚客在湖邊住下，忽然一隻鳥落了下來。魚客一看，竟是一位二十幾歲的美麗女子。她笑著說：「近來好嗎？」魚客很吃驚。她又說：「您不認識竹青了嗎？」魚客很高興地問候她從哪裡來，竹青說：「我現在已經是漢江的神女，返鄉的機會很少。但烏鴉伙伴們兩次轉達了您的情意，所以特地來和您相聚。」魚客更加喜悅感激。兩人就像久別重逢的夫妻一樣，不勝歡喜。魚客打算帶她回到南方，竹青則希望邀請他回到西方，兩人商量許久，無法決定。

第二天早上，魚客一覺醒來，發現自己不在船上，問道：「這是什麼地方？」竹青笑著說：「這裡是漢陽，我的家就是你的家，何必到南方呢？」天漸漸亮了，丫鬟僕人紛紛趕來，酒菜已經端了上來。夫婦倆相對飲酒，魚客問道：「我的僕人現在何處？」竹青回答：「在船上。」魚客擔心船夫無法久候。竹青說：「別擔心，我會幫你告訴他的。」

船夫從夢中醒來後，忽然發現到了漢陽，非常驚訝。魚客的僕人也在尋找主人，卻杳無音信。船夫想離開，但船纜被綁得緊緊的無法解開，只好和僕人在船上守候著。

兩個多月過去後，魚客忽然想要回家，但竹青卻說：「別說我無法前去，就算去了，你在那裡已經有了妻室，要怎麼安置我呢？不如把我安頓此處，做你的妾。」魚客擔憂路途遙遠，不能常常前來漢陽，竹青取出黑衣服說「您以前穿過的衣服還在，想念我時，就換上它，等到的時候再解開就行了。」於是擺上酒席，為魚客送行。

魚客醉酒睡著，醒來後已經在船上。一看，原來還在洞庭湖畔。船夫僕人都在，他們大為驚駭。魚客發現枕頭邊有個包袱，裡面就放著黑衣服，又有一個口袋綁在腰上，裡面滿滿都是錢。他厚厚地酬謝船夫，而後打道回府。

魚客回家後幾個月，非常思念竹青，於是悄悄地換上黑衣，頓時就變成了烏鴉飛上天空，兩個時辰左右就到了漢水。丫鬟看見了他，高聲喊道：「官人回來了！」一會兒，竹青就幫魚客脫下黑衣服，他的羽毛一下就脫光了。

竹青拉他進來：「您回來得正好，我就要臨盆了。」魚客開玩笑問：「是胎生還是卵生呢？」竹青回答：「我現在是神，皮肉骨頭都換過了，和以前已經不同。」

過了幾天，竹青果然生了孩子。孩子包裹在一層厚厚的胎衣裡，像一顆大蛋，打開一看，是一名男孩。魚客取名為「漢產」。三天後，漢水的神女們都來祝賀，帶來許多珍寶，她們都用拇指按了一下孩子的鼻子，稱為「增壽」。

又過幾個月，魚客坐船回去，那船不用帆槳，會自己行走。到了陸地後，已經有人牽馬等候，此後魚客就在兩邊往來不絕。

魚客的妻子和氏，因為不能生育，所以非常想見漢產一面。竹青答應了，送兒子和父親一起回家，約好三個月後回來。但和氏非常疼愛漢產，過了十幾個月也不放人。某天，漢產得了疾病死去，和氏悲痛欲絕。魚客趕緊回到漢水告訴竹青，一進門就看見漢產躺在床上好好的，便高興地問竹青怎麼回事？竹青說：「您違背約定讓我等太久了，所以就把他給召回來。」魚客這才告訴竹青原因，竹青說：「等我再生孩子，就讓漢產回去。」

又過了一年，竹青生下一男一女。男的叫漢生，女的叫玉珮。魚客就帶著漢產回家，但一年常常要跑三到四趟，很不方便，於是魚客就舉家遷往漢陽。漢產十二歲的時候進了郡學，竹青覺得人間沒有女子可以與他相配，便把漢產叫回去，為他娶了媳婦，才讓他回家。媳婦的名字叫做卮娘，也是神女的女兒。後來和氏去世，漢生和玉珮都趕來送葬。安葬完畢後，漢生留了下來，魚客帶著玉珮離開，從此再也沒有回來。

故事解析

落第秀才是《聊齋誌異》中最常見的原型人物，他映射出多少人對名利場的期待與幻滅。本篇的主角魚客便是其中之一。他是一位離鄉遠行的貧窮落榜生，在返家途中盤纏用盡，不得已只能借宿在吳王廟前的長廊下。我們從後文的描述中知道，他有一位妻子叫做和氏。因此可以推知魚客已不是一位年輕人，而是必須負擔起家計的成年人。

迷途的成年男子

他的物質貧困反映了他心靈的貧困，落榜則意味著魚客被主流社會給拒絕，可以合理推論，他是缺乏一技之長的書生。當他的專業被市場（也就是科舉）給否定，內心一定產生了很大的自我懷疑。因此故事裡說他在回鄉途中盤纏用盡受困於吳王廟時，不過是一個象徵性的說法罷了。用心理學的角度來說，他的「不能」回家並非出於物質上的原因，而是心理上的。阮囊羞澀不是他回不了家的原因，而是找不到返回心靈家園的路。用白話一點的方式講，就是他在人生的旅途中迷了路，失去方向。可以說，魚客是一位典型的，遇見了發展危機的已婚男性。

對年輕人來說，失敗是可以被允許的，因為他們眼前還有無窮的可能性。時間站在他們那一邊。但對結了婚的男人來說，失敗會變得更有殺傷力。因為這意指他前半生的努力猶如白費，很少人能不為此懷憂喪志。

對「自我」的懷疑啟動了潛意識的補償作用

正是在這個時候，他來到了吳王廟。廟宇是神明寓居之所，魚客並沒有在這邊大吵大鬧，或者對著神明抱怨怒罵，而是向神明禮敬禱告，之後便出來躺在走廊上休息。而後來了一個人領他去見吳王。也正因如此，他才與內心的清明本性相逢了。

魚客真誠地面對了自己的失敗，既不找藉口，也不責怪命運，這正是他之所以能與神聖的自性相遇的原因。自性是我們內在的完整本性，人人皆有，只是由於他深藏於潛意識中，使得我們一直與他疏遠。正是在既有的生涯規畫遭到顛覆，人開始對原有的自我產生懷疑之際，自性，亦即潛意識中的另一個我，才開始發揮補償作用，試著修補我們過去錯誤的生活方式。能在這時候虛心傾聽內心聲音並做出修正的人，就能得到指引與幫助。吳王廟指的不是別的，就是魚客潛意識裡的自性。他對神明的禮敬，就是對內心清明本性的禮敬。

烏鴉的象徵

在這裡，魚客迎來了第一次變形。來人替他稟告吳王，「黑衣隊還缺一個人，可以讓他補缺。」吳王答應了他。於是魚客穿上了一件黑衣，剛穿上身，魚客就變成了一隻烏鴉。魚客的變形不僅是由人變成烏鴉，同時也是由魚變成鳥。

主角名為魚客，魚是活在水裡的生物，而水則是潛意識的象徵。「魚客」之名暗示著主角與潛意識之間有著千絲萬縷的連繫，這也是為何他能在人生路遭逢失敗時，很自然地就能靜下心向內心祈求禮敬的原因。烏鴉屬鳥類，鳥藉著羽毛飛騰向上，在深度心理學中，一直被視為陽性心靈的象徵。烏鴉是北半球最常見的鳥類之一，牠們是雜食類動物，和人類生活密切，因此頻繁地出現在神話和民間文學中。烏鴉的智力很高，會善用周邊的資源來增加存活機會，在北歐神話裡，更是天神奧丁（Odin）的耳目。在中國文化裡，金烏則被視為是太陽。

配偶反映人格成熟度

魚客沒有拒絕自性的禮物，反而是大方地接受了它。變成烏鴉的魚客學著同伴們接受船上旅客的餵養，不一會兒就吃飽了。易言之，在與自性展開接觸後不久，魚客原先困乏的心靈就得到了充分的補充。過了兩天，吳王又賜給他一隻叫做「竹青」的配偶，他們兩人相親相愛，非常快樂。這是魚客第二次接觸自性，也是他第二次收到吳王的禮物。從後面的敍述中我們知道，竹青不僅與他相愛，還常勸告他對人類保有戒心。三年後他們再相遇時，竹青更變成了漢江的神女。這一切都在說明竹青是魚客內心的阿尼瑪，隨著竹青地位的提高（也就是從烏變神），證實了魚客的內在也產生了質量上的變化。作為魚客的內在女神，我們將在後文看見她會帶給魚客遨遊天際的能力。

配偶的心靈總是與我們互伴著成長。我們受怎樣的對象吸引，反映的是我們人格成熟的程度有多高。因此竹青身分的變化，就是魚客的人格不斷整合，不斷進化的證明。

與現實保持距離

讓我們先回到故事。竹青勸告魚客要戒備人類，但魚客總是不聽。後來他被人用彈弓射中，雖沒有被捉住，卻仍舊死去了。魚客突然大夢初醒，發現自己仍然躺在吳王廟中。這是魚客的第二次變形，他從烏變回了人。易言之，他與阿尼瑪的首次相會雖然開心，但終究以失敗收場，因為他並未聽從阿尼瑪的建議：與現實保持適當的距離。換句話說，他未能與成就、地位、收入、讚譽等外在條件保持距離。我們知道，跟現實太過接近是許多人無法聽見內心聲音的主因。太接近現實不僅會使人看不清自己，也會使人失去愛的能力。現實讓我們能夠定義，能夠溝通，能夠生存，但若只有現實，人的生命也就失去意義。使生存取代意義，便是人之所以墮落，或者失去自己的主因。上則故事中的金陵乙便是如此。

失去自己的人不能夠愛，因為愛涉及一段關係，而關係涉及了兩個獨立的人：我與你。如果沒有我，就不會有愛，有的只是失落，因為我們會不斷地在他人身上尋求愛，卻總是尋不著。原因並不出在他人身上，而是出在我失去了自己。與現實緊密相連的人之所以會失去愛的能力，正是由此而來。竹青之所以告誡魚客，便是要提醒他，現實不是可以拒絕，卻也不是可以委身的東西。由於魚客還未準備好接納她的建議，遂從鳥變形為人。

能否愛他人，奠基於能否愛自己

然而，魚客還是從這趟潛意識之旅中帶回重要的東西。他找到了回家的方向，這在故事裡，是以眾人湊錢助他返家來表示的。不僅如此，三年後他再次赴考，這回高中回來，還有僕人相隨。這象徵魚客在這次的整合過程中尋得了內心家園，不再迷惘，這才贏得了社會的認可。內心是世界的延伸。一個打從心底愛自己的人，也會願意去愛他人，進而被他人所愛。反之，疏遠自己的人，也會疏離他人，最終受他人所疏遠。我們如何對待自己，往往就受到這世界相同的對待。有時我們空有一身本領卻找不到表現的舞臺，原因不是別的，是因為我們內心對自己仍有懷疑，就是那分不夠篤定的心態，讓那時的我們四處碰壁。這在剛出社會的年輕人身上最是明顯。

談「原型」與「象徵」

魚客此次赴考，去回都路過吳王廟祭拜，希望能再見到竹青一面。但烏鴉們吃完就飛走了，沒有人留下來，他也沒再見到吳王。為什麼這次不靈了呢？因為主角是帶著特定的目的造訪潛意識的。從來只有象徵找上我們，我們無法主動要求。

「象徵」一詞，用榮格的意思來說，就是原型的一種表現。原型指的是代代相傳的人類經驗，是一種不學而能的心理本能，例如母親原型、英雄原型、婚姻原型或者陰影原型。原型是一個模子，烙印在我們的集體潛意識中。然而，這個模子會模塑出什麼形象，則會根據我們所處的文化背景與成長經驗而有所不同。舉例來說，我們的集體潛意識中都有母親原型，但談到母親，我們聯想到的意思、心中湧起的感受、想到的代表人物及長相卻不一樣，因為模子內的材料是根據每個人自己的經驗添加上去的。因此對每個人來說，他的母親象徵都不一樣。唯有透過這些象徵，我們才能碰觸到內在的原型，因此象徵可被理解為那些能觸動我們內心原型的意象。

比如我們見到百合花可能會得到一種純潔的感受，看到白鴿飛上天空時也有類似的感受。百合花與白鴿就是一種象徵，它觸碰到的可能就是我們內心跟「純潔」、「神聖」有關的原型。這是為何天主教會採用這些象徵物當作裝飾或者作為藝術表現形式的原因，其目的就是要喚起信徒內心關於純潔與神聖有關的感受，並與教會連繫起來。

象徵只是原型的一種表現，但並不是最貼切合適的表現，所以人們會不停地尋找更完美的象徵。這個尋找既是向內也是向外的，因此象徵會興起，也會死去，甚至完全對立。納粹德國以卐（讀音為萬）作為圖騰，對當時的德國人來說，看見這個符號可能會湧起偉大崇高的感受，其所勾引起的或許是「父親」原型，這有利希特勒的統治。但這個字對佛教徒來說卻有迥然不同的意義，玄奘大師將之引進中國時，把此字釋為「德」，後來又將之解釋為「吉祥萬德之所集」（亦寫作卍），是求道者的高度修養，勾起的主要是「利他」與「奉獻」的情懷。但今時此刻的德國人看見卐字，出現的或許是羞愧的情緒。而東亞的年輕人看見卐時，可能只會引發他迷信和陳舊的感受。

明白了象徵的意思，接著我們就要回頭談，為什麼魚客再也見不到吳王或竹青了？前面提過，因為他是「有所為」而來。潛意識並不遵循意識的規則。只要回想你昨晚的夢境就可以了，你還記得多少內容？那些內容的意義又是什麼？

夢境的訊息透露了潛意識與意識的雙重願望

我們之所以記不起夢境，很大的一部分原因是由於我們在回憶夢境時，是採用意識的規則在進行。然而，夢境的內容是混亂、無邏輯的。面對混亂無秩序的夢境，我們的意識沒辦法有系統地將之提取出來。因此若不立刻記錄，馬上就會遺忘。從此觀點來說，對夢境的陳述，常常是「再製」後的結果。什麼意思？就是每向他人重說一次夢境，就是一次新的創作，是我們自己對潛意識材料的再次創作。雖然如此，多數的分析師仍認為解夢是有意義的，因為當事人講述夢境的時候，其實透露了他潛意識與意識的雙重願望（更不用說當事人補綴夢境的碎片時，常常是無意識的）。對心理治療來說，仍然有很珍貴的價值。

如果意識與潛意識遵循不同的規則，用不同的方式說話。那麼魚客見不到吳王與竹青就是注定的事。這是為何內心要常保開放的原因，否則我們就會錯失象徵，錯失潛意識送來的訊息。一旦錯失，我們很難憑藉意識的期待再次尋回。好比我們都曾有過的那樣，想要回頭再夢起先前的夢境，但不論怎麼做，那夢已永遠失去。我們能做的，只有等待。如果我們是一位重視內心聲音，不與現實過於靠近的人，那麼潛意識就不會讓我們等得太久。

超越矛盾對立的終極變形

果不其然，那天晚上，有隻鳥飛了下來，魚客一看，是一位美麗的年輕女子，原來她就是竹青！此時的她已經成為了漢江的神女。易言之，故事裡變形的不只有男主角，連女主角也變形了。她從鳥化為了神。鳥本是陽性心靈的象徵，現在的竹青再進一步轉化成神女，更使她帶著完整與智慧的意涵。我們稍後就要看到，阿尼瑪的第二次造訪為魚客送來了比起先前更加令人驚豔的能力。神女竹青將他帶回漢陽，丫鬟僕從且不必提，她還送了一件黑衣服給魚客，告訴魚客想要回來的時候隨時換上就可以。

魚客返家後兩個月，因為思念竹青，便換上黑衣服變成了烏鴉，兩個時辰後，魚客就回到了漢陽。這是魚客的第三次變形。注意這次的變形，因為從這次開始，魚客取得了任意變形的能力，形體可以自由地在人與鳥之間轉換。說到變形故事，日本童話《開花爺爺》也有類似的劇情，善良爺爺養的小狗在被壞爺爺打死之後，先是變成了樹，然後再成為木臼，木臼變成了灰，而後變成在冬天盛開的櫻花。小狗的多次變形，象徵著內在的原始本能一再昇華進化，甚至當自己成為無機物（亦即灰燼），也就是在喪失生命之後，竟還能使死去的櫻花樹在冬天重生。至此，物質的變形已經讓渡給精神的變形，從而超越了死亡，帶來了復活。

雙性共身者

魚客可以任意地變形成烏鴉，象徵著他可以在物質與心靈間恣意悠遊。魚和鳥，一在海一在天；人與鳥，一走路一飛翔。這對立的矛盾特徵，魚客已兼而有之，難怪他的阿尼瑪是一位女神。人若能與自身的內在女神取得和諧，原先感到相互衝突的價值，也會變得更能容忍與欣賞吧？這是一種分裂被弭平的經驗，一種自己與他人共處於同一個「大我」的經驗。人本心理學晚期常常提及這類的神祕經驗，這才開啟了被稱為「超個人心理學」的第四波心理學運動。這種自我能短暫地不復存在的平靜體驗，或許正是魚客傳說想要傳遞的。

但讀者務必注意，魚客的自在正在於他能在「人」與「鳥」之間進行轉換。也就是說，他能在人所必須面對的現實性，與鳥所象徵的超越性之間來回地穿梭，而不囿於其中一端。這才使他真正地得到了自由。真正的整合絕不會要求我們犧牲對立的任何一方。在榮格心理學裡，我們用雙性共身者（androgyne）來形容這個接近個體化終點的階段，或者用以象徵煉金術過程中的最後產物。在此狀態中，陰陽兩極保持著有意識的連結，雙方依舊是自己，並未為了連結而喪失自身特質。魚客傳說以動人的方式表達了這個狀態。如果連結最終會讓兩極的特質消失，那麼魚客就無法再度變回人形。他自由地在人與鳥之間變化，正表明了整合不僅是一個全新的狀態，同時也是一個能夠自由切換此與彼的狀態。

方其時，我們不再是現實世界的俘虜，也不會使自己成為某種「終極核心」的俘虜。當代的靈性運動過分強調回歸真我或重返母源，在我看來，這同樣是片面且不求甚解的作法。人與神之間，或者現實與靈性之間究竟應該處於何種關係？這點我們且留待異婚傳說時再做討論。

進一步想，變形能力也暗示著我們的精神實體本身並不具備固定的樣貌。如果我們內在有一固定不變的本質，我們就不可能變化。換句話說，人永遠在成長，永遠在改變。唯一的真理就是無常。但若執著於無常，那也是不對的。因為這就把無常視為不變的「常」，從而推翻了它自己。這樣的悖論恰巧就是〈竹青〉傳說所要傳遞的道理。這不和《金剛經》裡「若見諸相非相，即見如來」的意旨相當嗎？

外在世界為內在之鏡

竹青為他生了兩子一女，老大漢產也娶了神女的女兒。由於路程遙遠往來不便，後來魚客便舉家遷至漢陽，換言之，他現實中的家園與他心靈的家園已經日漸靠近，兜攏在了一處。故事敘述至此，暗示著魚客已漸進解決了內外的矛盾。外境自有苦，但內心若是清明平靜，苦難亦是轉機。反之，外境雖自平和，內心若陰影叢生，人亦會在平和處自尋煩惱。世界（物）與內心（我）從來不是兩個，也不是一個，而是不同次元中的同一個。佛教用「色心不二」來稱呼，意義也類似於此。

整合之道就在這裡，這是個體化的終點（如果它真的有終點），也是變形的最終意義。傳說的最後不再提及魚客的功名利祿，也未再記錄魚客的宦場生活。這一切都不重要了，他事業成功也罷，事業尋常也罷。他已洞悉生命的祕密，藉助著對自性的探訪，以及阿尼瑪的指引，他過上了一種象徵的生活。雖然不一定對，但用我的話來說，就是跟隨內心指引，留心外在變化，具備倫理與靈性的覺知生活。

覺察與倫理

覺察內心的失落與期待，用以映證外在的人際模式；留心外界的徵象，用以內省自己隱而不顯或層層包裹住的情感。如果這樣還不好理解，那從下面這些地方先做起：看到他人失言敗行，就提醒自己謹言慎行；天氣轉涼轉熱，他就知道跟著時序變化調整作息；聽見孩子的童言童語，他就期勉自己保持天真；見到有小動物死去，他就為之哀悼，警醒自己把握有限的生命。然後思索、體會這一切究竟勾起了自己內在的什麼感受和意象。

那會使我們真正成為社群的一分子，因為每一個事件，每一則新聞都可能是世界對自己發出的訊號。又因為世界是內心的延伸，那些影響我的外境，自然也提示著我的內心。我與他人的行為共同織就了集體的命運，倫理不再是一種教條，而是不分內外的生活準則。

個體化的最高表現

從心理學上看，竹青為他生的三個孩子象徵著魚客在人世間留下的精神影響力。好比我們會將自己的創作物，例如文章、油畫、陶瓷等作品視為自己的子女一樣。作為神女的後代，這甚至也安慰了一生未能生育的妻子和氏。一個內心充實和諧的人，自然地能撫慰和感染周遭的事物。生育是古代中國婦女作為妻子最重要的義務，但不育的她卻因為丈夫人格精神的高度而有了依託，免去了遺憾。和氏的葬禮結束後，魚客帶著女兒離開，留下兒子漢生，再也沒有回來。易言之，他的精神遺產部分地留在了人間，部分地留在了心底。本來個體化之路就是自己的責任。不論魚客分享和遺留得再多，最終的奧祕還是只能經由個人的實踐才能體悟。

中國傳說有一個特色，結局往往以不知所終或成仙來暗示個體化的最高表現。魚客的遠行也可以這樣理解。魚客帶著自己的課題離開了，但也留下了整合路上的心得。一代代追求完整的人們，就是這樣從前人的經驗中去嘗試和成長，試著找到屬於自己的方法。透過故事中的多次變形，我們清楚地看見了生涯的方向如何在潛意識的幫助下重新確立，看見了人應當與現實保持適度距離，過一種象徵的生活，更要緊地，看見轉化的可能。

結語

變形意味著我們的墮落與成長，作為一種判斷的標準，傳說裡的變形總會清楚地讓我們知道主角們走在哪個方向。若作為墮落的象徵，變形代表了人性的泯滅，這在故事裡，是以人變成動物來記述的；若作為成長的象徵，變形也不輕鬆，它總是伴隨著失去才有可能獲得，一如〈馬皮蠶女〉中桑樹的意義，一如〈促織〉中成名挨的板子，一如〈竹青〉中魚客的貧困與失意。

不論是哪一類，它都暗示著人走向成長與整合的方式。變形不只是人們對超越自身侷限的期待與投射而已，由於它涉及了我們本質上的變化，因此往往跟「個體化」高度相關。「超凡入聖」一詞便已明示了脫去凡胎的過程，亦即人如果要走向完整或神聖，必須褪去既有的肉身。所謂肉身不是別的，指的就是錯誤的自我或生活態度。因此變形故事才會如此深植人心，才會如此頻繁地成為當代科幻小說的情節。蜘蛛人、蟻人、鋼鐵人和浩克等等，這些流行全球的漫威故事，當中的主角之所以能獲得超能力無一不是變形的後果。唯一差別只是變形成動物還是機器而已。

人的變形是故事裡的主題之一，但在中國傳說裡另有明顯的特色，那就是動物的變形。人墮落成動物是西方傳說的主軸，但動物變形（或進化）成人卻是中國傳說的主軸。狐狸就是其中最常見的例子。在下個單元中，我們將以狐仙為題，繼續闡述這類傳說的心理學意義。

貳：狐仙

狐狸在中國的傳說與俗民文化裡是一個非常特別的存在。在我們開始分析狐仙故事前，不妨先從典籍裡看看對狐狸的最早描述。

《山海經》裡已有關於九尾狐的記載，「青丘之山，有獸焉，其狀如狐而九尾，其音如嬰兒，能食人，食者不蠱。」意思是九尾狐的聲音類似嬰兒，是會吃人的怪獸。若能吃到九尾狐的肉，就不會受妖邪所侵害。九尾狐的傳說後來被日本所沿襲，民間認為，九尾狐曾經幻化成商代的妲己，但在周武王東征後九尾狐的元神逃逸，後又跟著遣唐使來到日本，成為日後禍亂宮廷的玉藻前。

然而，最早的狐仙故事收錄在干寶《搜神記》裡頭一則名為〈山魅阿紫〉的傳說。東漢建安年間，有一位叫做陳羨的都尉，他的部下王靈孝幾次無故逃職，因此陳羨就將王靈孝的妻子給關起來。聽完他妻子的描述後，陳羨說：「這一定是被鬼魅帶走了，得將他找回來才行。」於是率領部下與獵犬在城外四處搜索，果然看見王靈孝躲在一座空墳之中。聽見人與狗的聲音後，鬼怪立即遁去，陳羨就派人將王靈孝扶了回來，那時他的樣子已經很像狐狸了，無法跟人溝通，只是哭著喊「阿紫」。十多天後才漸漸醒過來，他說：「狐狸剛來的時候就在屋子的角落變成了漂亮的女人，自稱『阿紫』，然後招呼我過去，這情況發生了很多次。忽然有一天我就跟她走了，她便成為我的妻子，傍晚我會和她一起回她家。遇到狗來，我都沒有發覺。」他說在那裡的快樂是什麼地方都比不上的。道士說：「這是山裡的精怪。」

故事最後接著解釋：「狐者，先古之淫婦也，其名曰『阿紫』，化而為狐。故其怪多自稱『阿紫』。」也就是說，所謂的狐狸是古代的淫婦所變的，名字叫阿紫。所以後來的狐妖也都叫自己這個名字。

這則傳說明顯在說，狐狸成精時幻化成的對象主要是女性。但如果以為沒有男性的狐狸精就錯了。因為就在《搜神記》的同一卷中，干寶也記錄了一篇名為〈張華擒狐魅〉的傳說。

張華乃是晉惠帝時的司空。當時在燕昭王的墳墓前有一隻狐狸，由於年歲長久，能夠變化形體。牠變成一名書生，想去拜訪張華。他先詢問了昭王墓前的華表，但華表告訴他：「你才思敏捷，沒什麼不能做的。但是張華的才智超群，恐怕也難以控制。你去的話一定受到羞辱，可能還沒辦法活著回來。這樣的話，不僅要失去你修練千年的身體，也會讓我受害。」狐狸沒有聽從，仍然前往拜見張華。沒想到那狐狸風流倜儻，舉止優雅，不論討論文章、歷史還是諸子百家都難不倒他。張華從沒聽過這麼精闢的言論，嘆息著說：「天底下有這麼傑出的年輕人，不是鬼魅就是狐狸了吧？」於是將他強行留住，不讓離開。縣令雷煥建議，可讓獵犬來測試這個年輕人。沒想到狐狸不怕，張華便說：「聽說鬼怪會怕狗，但超過千年的妖怪，狗卻認不出來。只有燒千年的枯木來照牠，才能逼牠現形。」於是派人把燕昭王墓前的華表拆來燒了。華表變成一位青衣小兒，哭著說：「老狐狸不聽我的話，現在要害死我了。」砍下華表後，木頭流出血來。燒掉華表照那書生，書生變成了一隻狐狸。張華遂將牠殺了。

從這兩則最早的狐狸故事來看，狐狸化成男性時，其基本形象是風度翩翩的博學少年，當狐狸化成女性時，則是我們熟知的妖嬈模樣。很明顯地，狐狸既是男性內心阿尼瑪的投射承載物，也是女性內心阿尼姆斯的投射。到了唐代時，狐狸故事已經很成熟，狐仙與狐妖的想像徹底融入了中國的文化中。時人張鷟還留下「唐初以來，百姓事多狐神，房中祭祀以乞恩，飲食與人同之，事者非一主。當時有諺曰：『無狐魅，不成村。』」這樣的紀錄。狐狸與中國俗民文化連結之深之遠，可見一斑。

此時西門的養馬人正在訓練獵狗，一條黑狗突然竄出，鄭六只見任氏突然從馬上墜地，現出狐狸的本形逃走，黑狗狂追不止。

一、任氏傳（中國・《太平廣記》）

故事大綱

任氏是一位女妖。有一位叫做韋崟的刺史，排行第九。年輕時放蕩不羈，喜歡喝酒。他的叔叔有個女婿，人們都稱他鄭六。鄭六習武，喜歡酒色，因為貧窮只好寄住在妻子的族人家中。他和韋崟很合得來，常一起往來交遊。某年的夏季，他們兩人結伴在長安大街上行走，想一起到新昌里喝酒。後來鄭六推說有事要先離開，等會兒再去赴約，韋崟便自己先騎馬去了。

鄭六在路上忽然遇見三個婦女，其中有個穿白衣服的特別美。他又驚又喜，趕著他的驢子一會兒跑在她前面，一會兒跟在她後面，想挑逗對方，但又不太敢。那白衣婦女不停對他送秋波，好像有接納他的意思。鄭六便說：「妳這麼漂亮，怎麼會徒步行走呢？」白衣婦人笑說：「有人有坐騎也不知道相借，所以我只能徒步行走了。」鄭六說：「我的坐騎太差，不配給佳人代步，但願意奉送給妳。我能走路跟著就很滿足了。」說完後，兩人相視大笑。同行的兩個婦人也一起挑逗鄭六，不一會兒大家就熟絡起來了。

鄭六跟著她們朝東走，到了樂遊原（當時長安郊外的遊覽勝地）時天已經黑了。見到一所宅院，屋宇很嚴整。白衣婦人進去前請鄭六稍待片刻。不久，一個隨從的女僕被留在那裡，詢問鄭六的姓氏排行。鄭六告訴她後，也問了那個婦人的姓氏排行。婢女回答：「姓任，排行二十。」過了一會兒，裡面請鄭六進去。當下擺列燈燭，任氏與她的姊姊都出來和鄭六應酬，大家喝了很多杯，極為歡暢。當晚鄭六便與任氏同床了，任氏的豔麗與美貌、歌聲與姿態，實在不屬人間所有。天快亮時，任氏告訴鄭六該走了，因為她們姊妹都是教坊的人，屬於官府不能耽擱。兩人約定了日後再會面的時間後就此別過。

鄭六出來後，里門還鎖著呢！他就坐著等待宵禁結束，此時他與賣胡餅的小販閒聊，問昨夜待的地方是誰家宅院？沒想到店主人說：「這裡一片荒地，哪來的宅院啊？」兩人極力爭辯，

李白〈憶秦娥〉，「樂遊原上清秋節，咸陽古道音塵絕，音塵絕，西風殘照，漢家陵闕。」樂遊原在漢代時就已是皇帝鍾愛的旅遊地，本為秦代的宜春苑，漢宣帝後改稱為樂遊苑。唐代之後更成為最聞名的踏青和旅遊勝地。因為地勢較高，視野開闊，除可遠眺宮殿區外，周遭又有寺塔在側，成為騷人墨客的吟詠對象。

小販才忽然醒悟：「我曉得了，這裡有一頭狐狸，時常引誘男人與她睡覺，我見過三次了，莫非你也碰上了嗎？」鄭六很難為情，急著否認。天亮後又返回察看，只見大門依舊，但裡頭確實都是荒煙蔓草。

回家後見到了韋崟，韋崟怪他失約，鄭六沒有說真話，敷衍了過去。回想起任氏的容貌心中還是念念不忘，十幾天後，鄭六出門閒逛又看見了任氏，急著叫她，但任氏卻總是閃避。鄭六急忙追趕，任氏才背對著他說：「你已經知道了我的身分，為什麼還來親近我呢？」鄭六說：「就是知道了，又有什麼關係呢？」任氏說：「這事很難為情，叫我不好意思見你。」鄭六回：「我這樣苦苦思念妳，難道忍心拋棄我嗎？」任氏回答：「怎麼想拋棄你呢？只不過怕你厭惡我罷了。」鄭六對天發誓，言詞很懇切。任氏這才轉過身來對鄭六說：「人間像我這樣的人不只一個，你不知道罷了，不要因此覺得我怪異。」鄭六請求和她重敘舊情，任氏答道：「像我們這樣的人之所以讓人討厭，不為別的，就是因為會傷人。但我卻不是這樣的人，如果你不嫌棄，我願意終身服侍你。」鄭六答應為兩人找一間共同的住處。任氏要他租好房子，然後跟韋崟借家具使用。

當時韋崟的叔伯們在各地做官，雜物家具都收在韋崟家，鄭六照任氏的指示借來家具。韋崟問他有何用？他回答：「近來得了一位美人，已經租好房子，需要家具使用。」韋崟不信，前去一探究竟，一見任氏驚為天人。趁著附近沒人，就摟住她想要非禮。任氏不從，韋崟就更加大力抱住她。任氏只得說：「我願意配合你，你稍微放鬆一點。」韋崟便依了她，但任氏立刻想逃脫，這樣反覆數次後，韋崟改用蠻力強迫她，在見到任氏的臉色不悅，韋崟才問道：「為何不高興呢？」任氏長嘆說：「鄭六真可憐。」韋崟問為什麼？任氏回答：「他空有六尺之軀，卻不能保護一個女人，算什麼男子漢！而你從小生活奢華，擁有許多美女，但鄭六卻很貧賤，他屬意的只有我而已。你怎麼忍心以有餘奪人之所不足，我可憐他窮困不能自給，所以受制於你。如果他能勉強自立，也不至於此。」韋崟素來講義氣，聽完此話就放開了她，整理衣冠向任氏謝罪：「不敢。」鄭六回來後，兩人相視而笑。

此後凡是任氏需要的東西，韋崟都盡力供給。任氏也常與他往來，兩人非常親密但從不亂來。韋崟對她又愛又敬，從不吝惜。任氏知道韋崟的感情，就告訴他：「承蒙錯愛，但我不能辜負鄭六，所以不能滿足你的期待。我跟京城裡的煙花女子很熟，若是有喜歡哪個佳麗卻得不到的，只要跟我說一聲，一定報答你。」韋崟很喜歡一位叫做張十五娘的女人，任氏說：「她跟我是表姊妹，想得到她很容易。」過了十幾天，果然把她叫來了。韋崟與她相處幾個月後感到膩了，任氏就說：「這樣的女人很容易到手，不足以表達我的心意。如果有喜歡什麼閨中女子，也可以告訴我。」韋崟就說，昨天他看見一位將軍府中吹笙的女子非常嬌豔，不知任氏是否認識？任氏說：「她是刁家的寵婢，名叫寵奴，她的母親是我表姊。要得到不難。」不久後果然成功。原來任氏在寵奴身上施法使她生病，又賄賂巫師騙她家人，只要送來此處就會好轉。果然寵奴就被主人送來了。任氏將寵奴送去與韋崟私通，直到寵奴懷孕後才急忙送回將軍府，此後也就斷了往來。

某天，任氏對鄭六說：「你能弄到五、六千錢嗎？我打算為你賺點錢。」鄭六向人借貸，任氏讓他去市集買馬，哪匹馬的左腿有毛病，就買那一匹。鄭六買回來後，他的親戚笑他笨。不久後，任氏要他牽馬去賣，要賣三萬錢才能回來。果然一到市集，就有人出兩萬錢買那匹左腿有問題的馬。鄭六不肯，買者只得一再抬價。後來出到兩萬五，鄭六就賣了。後來才知道，原來官府有一匹大腿有毛病的馬死了三年，養馬人當時沒有立即銷籍，繼續跟朝廷領了三年的養馬費用。現在官府要徵收馬回來，養馬人得立刻弄到類似的馬才行。

又過了一年多，鄭六終於得到官職，得出外就任。當時他有妻室，雖然白天可以到任氏那裡，但晚上還是得回家睡，一直很遺憾不能跟任氏膩在一起。現在要上任了，就邀請任氏同行。但任氏不肯，鄭六哀求了很久她才說：「巫師告訴我今年不利西行，所以不想去。」鄭六感到奇怪，但韋崟卻大笑：「妳這麼明智，還聽巫師的話做什麼？」鄭六因此堅持任氏同行。任氏說：「如果巫師的話應驗了，白白為你送死，你又有什麼好處呢？」但在鄭六苦苦哀求下不得已，只能跟著去了。

韋崟將馬借給任氏，為兩人送行。過了兩晚，兩人來到馬嵬坡，任氏在前，鄭六在後。此時西門的養馬人正在訓練獵狗，一條黑狗突然竄出，鄭六只見任氏突然從馬上墜地，現出狐狸的本形逃走，黑狗狂追不止，鄭六也立即前去喝止，卻制止不住。跑了一里多，任氏終於被捉住咬死了。鄭六含著眼淚拿出錢將任氏安葬。回頭看她的鞋襪衣物散落一地，首飾也掉在地上，帶來的婢女也不見蹤影。過了十多天，鄭六返回京城，韋崟聽說任氏去世後也很悲傷，兩人一起痛哭了一場。韋崟問：「娘子怎麼死的？」鄭六說：「被狗咬死的。」這才知道任氏是狐狸。第二天，他們兩人又一起去到她的安葬處再哭了一場。

後來鄭六做了大官，家中很富裕，到了六十五歲才去世。我（指作者沈既濟）住在鍾陵，曾與韋崟往來，多次談及此事，所以知道得很詳細。

故事解析

本篇是中國小說史上最早用人格化手法來描寫狐妖的作品。比起我們先前所列的《搜神記》裡的故事，其形象不僅更接近人類，甚至比人類更富人性。

狐狸反映了人的欲望流轉

要談狐仙之前，必先分析狐狸這個重要的象徵。狐狸其實是兩種生物，分別是狐與狸，慣常上喜歡將之連稱，但指的主要是狐。狐是一種犬科動物，只要看該字的偏旁部首就可以知道。牠的毛色赤黃柔順，體型中等，是中國北方以及歐亞大陸都很常見的動物。牠的尾部有一小孔，會分泌惡臭。個性謹慎多疑，所以不容易捉住和馴化。

狐這類動物介於狗與狼之間。狗與人類生活最為親近，狼則對人類有敵意和威脅。狐住在樹洞或地穴中，主要捕食鼠與兔，很少危害人類飼養的家禽。跟上述的狗與狼都不一樣，牠雖不臣服於人類，與人類卻不相敵對。

這種跨界、不易捉摸的特性，正是人類賦予牠搗蛋鬼形象以及投射內在阿尼瑪與阿尼姆斯的原因。在榮格的觀點裡，「搗蛋鬼」指的是那些喜歡狡詐的玩笑以及惡作劇的傳說人物，比起高舉正義大旗，主角光環加身的豪傑人物，搗蛋鬼卻與之相反，他們是有著負面形象的英雄。西漢的東方碩以及民間故事裡的紀曉嵐常以幽默反諷的方式譏刺君王，因此就帶有這樣的特質。這種捉摸不定的形象正與狐狸給人的感受相同，人們看得見牠，卻捉不著牠；覺得牠可愛可親，但牠卻欲拒還迎，和人保持距離。

「阿尼瑪」與「阿尼姆斯」則分別象徵我們內在的女性與男性面，人們必須透過大量的學習才能和我們內在陌生的異性面相處，例如男性要學習和阿尼瑪相處，女性則要學習和阿尼姆斯互動。否則我們總會覺得異性總愛和我們玩一些難纏的把戲。但真正難纏的不是外在的異性，而是我們內在異性面的自己。

《説文解字》裡頭説，「狐，妖獸也，鬼所乘之，有三德：其色中和，小前豐後，死則首丘。」意思是，狐是鬼所乘坐的妖獸，牠有三種德行：毛皮的顏色中和；身體的前端小，後端大；死前會將頭望向出生的山丘。

你可能會發現《説文解字》的記載非常矛盾，既説牠是鬼怪乘坐的妖獸，又説牠有三種德行，特別是「死則首丘」，這在讚譽狐狸是一種不忘本的動物（另外兩種德行則是中庸與子孫繁衍的意思）。這不啻在説，狐狸是一隻具有德行的妖獸。

傳説裡的狐狸既是動物，又可幻化成人形。説牠是妖怪，但紀曉嵐卻在《閱微草堂筆記》裡明白寫著，民間習慣稱牠為「仙家」。狐狸精一詞雖然帶有淫亂的貶意，但傳説裡的狐仙卻很講求信義。猶如陰影雖然是我們所排斥的那些自身特質，但卻蘊藏著人格真正的活力與完整。和〈任氏傳〉裡的鄭六與韋崟相同，人們對狐狸可說是又愛又恨。狐狸在中國傳說裡，幾乎就是「人」的代稱，因為牠能同時承載「阿尼瑪」與「阿尼姆斯」這兩種不同性別的靈魂的投射。從狐狸身上，古人看到了自己——一種可以從動物幻化成人，然後再修練成仙的存在物。猶如我們可以克制和轉化自己的動物性本能，成為具備人性與文化之人，而後成為神仙那般超越性的存在。狐狸的成仙與得道，就是人們追求個體化，追求完整的過程。

因此狐仙的故事，就是人的故事。狐狸的為亂，就是我們內心的掙扎。狐狸的魅惑，就是我們欲望的流轉。

意外帶來的人生反轉

故事中主角鄭六，是一個一事無成的中年男性，雖然通曉武藝，卻沒混出什麼名堂，只能寄居在妻子的親戚家中生活。然而，鄭六並沒有因為這樣努力向上，反而縱情酒色。鄭六與狐仙的相遇發生在夏天，同樣指著鄭六的年紀正當人生的盛夏，也就是青壯年時期。他不求上進的生活態度，即將在此時反轉，而反轉的原因則是一場意外。

意外會在哪時發生？就是離開舊有道路的時候。本來他與酒友韋崟相約同去新昌里的酒樓，但不知為何臨時改道，正因為這不明就裡的改道，讓他與狐狸精任氏相遇了。作為一位美豔的女子，任氏可被我們視為鄭六內心的阿尼瑪。

阿尼瑪的形象與人格成熟度相呼應

先前我們提到，阿尼瑪在榮格的心理學中，指的是男性內在的女性靈魂。而阿尼瑪以什麼樣態現身，則會與我們人格的成熟度相呼應。榮格在《移情心理學》的引言中曾經提到，阿尼瑪的形象有四種階段，分別是「夏娃（Eva）、海倫（Helen）、聖母瑪利亞（Virgin Mary）與蘇菲亞（Sophia）」，她們分別象徵著土地與母親的形象、浪漫與美、宗教的聖潔及智慧。在前兩個階段中，阿尼瑪對男人而言還處於一種性愛和生物性的層次，只是後者（海倫）已經獲得某種獨立個體的價值。第三階段的情愛則上升到了宗教的高度，獲得了精神上的昇華，是一種神聖的母性。第四階段則超越了理論上無法被超越的智慧和純潔，她是情愛的精神化，也是海倫的精神化。

以這次的相逢來說，任氏對鄭六而言，不過仍處於第一或第二階段而已，是一種純肉體的滿足和占有的欲望。聽來雖然粗鄙，但若不經歷這些，人就學不會愛，也無法藉由愛走向整合與成長。

多數的我們在還沒完全學會愛的時候，便進入了婚姻或親密關係之中。讓我們想要與另一個人結合的原因，或許源自生物本能的衝動，或者出於對婚姻與愛情的主觀想像，很多時候，甚至只是因為「年紀到了」。然而，那都只是愛的起步。鄭六的貧困反映的是他人格的貧困，依附於妻子家族，縱情酒色的鄭六，不僅說明了他內在貧瘠，更說明他是個不能擔負責任的「永恆少年」（對此議題好奇的讀者，可參閱《故事裡的心理學》上冊）。他在應該奮發負責的年紀做著任性浪蕩的事，早出晚歸，結交不應結交的朋友。鄭六早年雖然習武，卻沒見他闖出什麼名堂。

意外是轉變的契機

這就是鄭六身為男主角，故事卻只提他的排行，卻不說他叫什麼名字的原因。作為一個人，鄭六的形象是蒼白的；而作為一個理應獨立自主的成年人，他則完全不及格。

然而，意外找上了他，他也迎向了意外。我們不知道是什麼原因使鄭六突然決定晚點赴約，能夠確定的，是他選了一條那天本不應該走的路。易言之，冥冥之中他回應了潛意識的召喚，在那裡，他將與內心的阿尼瑪相遇，而後者將為他的人生帶來正向的轉變。意外如果處理得當，它就是帶來轉變的契機。愛麗絲因為在花園裡看見了一隻戴著懷錶的兔子，從而跟著牠跳下了兔子洞。這個舉動使她探訪了潛意識，從而跨越了兒童期往青春期轉換的階段。然而，我們多數時候都在刻意避免意外，透過安排這個、規畫那個，按部就班，兢兢業業，拒絕人生的冒險，從而也就窒息了生命的可能性。

潛意識會一再邀請我們，用它自己的方式。但如果我們的意識拒絕給它機會，就會不斷錯失它的訊息。就在那天，中年人鄭六終於回應了它的邀請。

沒有荒唐的夢，只有荒唐的人

鄭六調戲著任氏，任氏也接受他的挑逗。一如希臘神話裡的海倫接受了特洛伊王子巴里斯（Paris）的引誘。他們一行人一路來到了樂遊原，抵達的時候，天已經黑了。樂遊原是唐代長安著名的旅遊勝地。李商隱曾作〈樂遊原〉詩：「向晚意不適，驅車登古原；夕陽無限好，只是近黃昏。」杜甫〈樂遊園歌〉中說：「樂遊古園崒森爽，煙綿碧草萋萋長。」換句話說，他們在昏暗中到了城外，一個樹木高聳、煙霧籠罩的地方。用心理學的語言來說，鄭六在阿尼瑪的帶領下，來到了潛意識深處。

作為一個缺乏明顯形象、逃避責任的中年人，鄭六首次走進內心的黑暗。任氏邀請他進入一所大宅院，他在那裡和任氏男歡女愛，盡情飲酒，好不快樂！天快亮的時候，也就是這場夢要醒覺的時候，他才離開那裡，那時宵禁還沒結束。他問附近的小販，那所宅院是何人居住？這才知道，原來自己遇見了狐狸精。

激情之後總是空虛，鄭六的驚訝是可以想像的。他的一夜歡快竟然只是一場夢，小販的話語既像提醒，又像嘲諷，好比我們向人說起前晚栩栩如生的夢境是如何玄妙詭疑時，得到的多數反應一樣：「醒來吧！那只是一場夢。」多數時候，我們會就這樣放棄。是啊！只是一場夢，不管它感覺有多真實，還是彷彿想跟我表達什麼意思，那都不重要了，因為我醒了，我還在這裡，一切都不會改變。

沒有荒唐的夢，只有荒唐的人。夢一直都比醒著的人清醒，夢用愛人的葬禮告訴你對方的感情已經消逝，用失業來告訴你應該好好休息，用鐵路轉轍器故障告訴你人生走錯了方向。那些在治療室裡被提起的夢有時意義之深刻，旁人一聞便知，但當事人卻仍混亂糊塗。大體那些傳說中的主角之所以能夠遇見狐仙或女鬼，用深度心理學的角度來說並非他們貪戀幻想，而是他們更勇於留心夢境或內心捎來的訊息。當我們醒覺時，受到意識的影響，潛意識的訊息很難被我們知悉，但當我們睡去後，夢卻能穿越意識與潛意識之間的柵欄，讓我們能讀到後者捎來的信件。佛洛伊德率先提出了解夢的法則，而後榮格又提出了自己的觀點。佛洛伊德認為，夢的內容是經過變造及扭曲的結果，目的是使被壓抑的願望得到滿足（通常是性）；榮格則以為，夢從來不偽裝自己（我們只是讀不懂），它的目的是為了補償當事人現實生活的缺失。不論如何，他們共同指出了夢在個人生命裡的重要性。

夢作為意識與潛意識兩者的中介，大大地促動了我們對個人內在生命的理解。而傳說與神話則是眾人的夢，在真實歷史與個人想像之間，擔任著連繫雙方的橋梁。使我們能不至於過度貼近現實，也不過度耽溺在內心幻象中，變成一個健康且深具彈性的人。而現代人之所以會耽溺在手機與網路提供的虛擬世界裡難以自拔，或許正是因為我們不再相信這些鄉野奇譚所造成的。任氏便是鄭六在夢與現實之間，促動著他變得成熟的中介。

我需要你，因為我愛你

正因如此，鄭六再次遇見任氏時，他才緊緊跟隨，連聲呼喚。哪怕任氏背對著他要他離開，鄭六也不願放棄。任氏告訴他：「怎麼想拋棄你呢？只不過怕你厭惡我罷了。」她的意思是，常人都瞧不起夢境的訊息或內心的直覺，為什麼你如此執著呢？鄭六卻對天發誓，話語非常懇切。任氏這才回答：「像我們這樣的人之所以讓人討厭，不為別的，就是因為會傷人。但我卻不是這樣的人，如果你不嫌棄，我願意終身服侍你。」這句話則是在暗示，人們以為追求完整會傷害自己的成就或現實的利益，實則不然。

狐狸的話語字字指著個體化而發，個體化的目的是成為一個完整而獨特的人，很遺憾地，這個目標不單只是事業有成或家庭和樂可以給我們的。因為它首先要求我們必須是「一個人」，亦即哪怕是獨處時，也得是一個完整的人。完整無法藉由他人的給予或回饋而得到，如果我們能藉由他人而感到完整，那麼他人必定是一種工具、一種功能、我失落的一角。從此點言，把「你使我完整」（You complete me.）視為愛中最高真諦的人，顯然是誤解了愛的意義。為什麼呢？因為對方如果是我失落的一角，那他就從一個我愛的人被貶抑成我的工具。而愛只會發生在兩個平等的人身上，否則那就只是人與工具的結合，只是在心理學上被我們稱為「共依附」的東西。所以佛洛姆才說成熟的愛是「我需要你，因為我愛你」，而非「我愛你，因為我需要你」。

意義與安全的兩難

探索與整合一直以來都不是社會期待中的主流，在主流觀點裡，生命的目標主要侷限在「生存」，這點不論古今皆是如此。在一些極端的例子裡，有的父母甚至會擔憂孩子突然對哲學、歷史或人文產生興趣，因為這些學科都把探明內心看得比賺錢餬口重要，而這會危及我們物質的安全感。這當然不能說錯，但人追求意義、追求自我實現的動力會持續一生，亦不能輕易將之打發。

在上述的例子中，當事人總會覺得人最好走在社會安排好的道路，理工醫優先，法商次之；讀書升學優先，談戀愛交朋友次之；賺錢拚事業優先，助人利他次之。如果我們遇見哪個貌似事業有成、家庭和樂的人突然覺得生命沒有意義，我們一定會覺得他的問題出在日子太過舒服以致不懂感恩。事實上，人的幸福感不會全憑安全感而來。生命意義在中年之後更是獲得幸福的關鍵。它們之間的兩難是生涯諮詢裡很常見的主題，而當中的解方則非「個體化」莫屬。

神聖不在外頭，而在裡頭

上面提到，個體化意味著獨立且完整。在安全感與意義感產生衝突時，只有走向完整，它們的兩難才能消除或超越。事實上，雖然說是「兩難」，但在諮詢的過程裡當事人反而會發現這兩個選項並非完全衝突，因此走向完整不見得就會傷害自己現實的成就或利益，有時更像是兼顧兩者的利益。個體化也意味著走向神聖。但個體化所指的神聖並不在外頭，而是在裡頭。人若不能發現、感受到內心的神聖性，那麼外在的神聖物（也就是廟宇、神像、十字架、平安符之類的東西）也不過是自我安慰的紀念品而已。個體化貫穿著我們的一生，很多時候，個體化的動力會以「直覺」或「意外」的方式現身。但能正視直覺、聆聽內在聲音的人得要很有勇氣才行。

從世俗的觀點言，鄭六雖然一無是處，連家人都養不活。但狐狸卻選擇了他，原因不是別的，就在於他有追求個體化、迎向意外的勇氣。即使知道任氏是狐狸，即使知道與她的相遇不過是一場夢，仍舊堅持不退卻，發誓絕不對這個來自潛意識的訊息始亂終棄，認真以待，這才開啟了他中年的冒險。

也正是這個原因，我們才會理解任氏的形象為何會突然轉變，從一位放蕩的女子變成了有原則的貞婦。如同故事所說，韋崟在探知鄭六得到一位美女後，竟然趁四下無人時意欲染指任氏，但任氏百般拒絕。韋崟想要以武力逼從，見任氏臉色不悅，便問她什麼原因。任氏則認為韋崟企圖以有餘奪人之所不足，使鄭六既不能自給，又受制於韋崟。這番話說得韋崟色心全消，趕忙鬆手謝罪。

心境的轉變帶動阿尼瑪的轉變

前面提到，阿尼瑪的形象有四個階段。任氏初現身時，尚在第一和第二階段，但當鄭六決心聽從內心的聲音或夢境的指引時，他內在的阿尼瑪形象就轉化為第三階段的聖母瑪利亞，貞潔不可侵犯。任氏的轉變就是鄭六的轉變，兩者是同步的。

而韋崟又象徵了什麼呢？故事裡頭說韋崟與鄭六有親戚關係，兩人一貧一富，但同樣豪爽放蕩，因此感情甚篤。從此觀點言，韋崟可被視為鄭六的「理想化自我」，亦即我們期待自己成為的那個模樣。鄭六貧困，韋崟豪奢；鄭六只有一妻，韋崟卻妻妾成群。鄭六希望自己像韋崟那樣幸運，可現實中的他卻不是如此。這麼說來，把韋崟看做鄭六的陽性心靈也很貼切，鄭六成天與韋崟膩在一起，說明他與陽性心靈過於接近，這也解釋了當韋崟質問鄭六那天為何沒來赴約時，鄭六不願據實以告的原因。

一方面，此時的他還不具有向陽性心靈攤牌的自信，只能選擇含糊帶過。另一方面，也說明作為鄭六內在陽性面向的韋崟仍於人格中占據主導地位。所以當韋崟知道任氏的存在後，他才會意圖侵犯後者，他們兩者都在爭取鄭六人格的主導權，因此演出了一場陽性心靈與阿尼瑪彼此對抗的戲碼。這也解釋了為什麼一直到任氏去世前，鄭六都隱瞞著韋崟，不讓他知道任氏就是狐仙的原因。對韋崟的隱瞞，象徵著鄭六一直試圖在阿尼瑪與陽性心靈間兩面討好，鄭六不能全心處理內在的阿尼瑪（也就是任氏），種下了日後任氏死去的遠因。而人跟內心的阿尼瑪互動時要注意什麼事呢？我們後文再敘。

陽性心靈與阿尼瑪的妥協

任氏表現出的貞潔形象是符合陽性心靈期待的，因此韋崟敬愛任氏，凡她所需，皆大方供給。為了報答韋崟，任氏告訴她，如果有想要的女子，她都可以幫忙介紹。韋崟先後提出了兩份名單，包括張十五娘以及寵奴，任氏都滿足了他。張十五娘以及寵奴兩者的身分截然不同，前者是風塵女子，後者則是大家閨秀，韋崟對女性選擇標準的提高，説明鄭六的陽性心靈在阿尼瑪迂迴的引導下也日漸成熟。換句話説，阿尼瑪是以間接的方式來達到與陽性心靈妥協的目標，而陽性心靈則反是，他們傾向以主動攻擊的方式來確立地位，這見諸韋崟一開始對任氏的侵犯態度。

在希臘神話《丘比德與賽姬》中，賽姬作為新生陰性心靈的象徵，正是以婉轉繞道的方式來完成女神維納斯的任務。在後者要賽姬去取金羊毛時，蘆葦告訴賽姬，金山羊的脾氣暴躁，想完成任務只能智取不能力敵。它建議賽姬避開烈日，等下午金山羊昏昏欲睡，再至附近樹叢中取下被樹枝鉤下的金羊毛即可。我們內在都具有陰性與陽性心靈，正視和接納兩者的存在是深度心理學強調的素養之一。任氏與韋崟的交往從一開始的原始對立（亦即韋崟想要占有任氏卻被後者拒絕），到互敬互愛，乃至彼此滿足，此過程象徵著鄭六的漸次整合與成熟。

阿尼瑪的轉變會改善生活的每個層面

任氏讓鄭六去市場低價買進一匹大腿有問題的馬，接著讓他高價賣出。這不啻在說阿尼瑪與我們內心神祕的直覺有更直接的連繫，直覺總是曖昧不清，陽性心靈嚮往著清楚絕對、黑白分明，在這樣的情況裡，內心直覺沒有存在的空間。許多人可能會把直覺這樣的心理功能視為藝術家的特質，事實上，直覺功能突出者當中，商業人士也占不少。深諳經濟理論的人不見得是個好投資者，但那些「嗅覺靈敏」的人雖然只對學理粗知梗概，卻能很快地抓到市場方向。任氏之所以能洞燭機先，便是此因。

因為有了阿尼瑪的幫助，鄭六不管在人際關係還是財務收入上，顯然大有進展，在一年多後，更得到朝廷的任命。易言之，鄭六與阿尼瑪的相遇不僅使他的人格逐漸脫離過去幼稚蒼白的形象，同時也改善了他生活的每個層面。

事實上，究竟是因為人格成熟讓我們的生活得到改善，還是因為生活改善讓我們的人格變得成熟，兩者間的關係雖然看似不易斷定，但臨床的經驗卻告訴我們，人格的幼稚與貧瘠肯定會使生活品質每況愈下，即使出身於所謂「好家庭」的當事人，也會因為欠缺成熟的人格而受到各種關係之間的苦，不論是手足、親子、伴侶，還是性關係上都是如此。所以作為父母的我們務必明白，孩子人格的成熟重於成就的高低，教養的重點必須要放在前者才好。沒有人願意跟欠缺誠信、情緒化、僵化呆板或難以預測的人合作。人格的成熟程度本身就與彈性、靈活、誠信、溝通及問題解決能力有關。人格成熟的人獲得成功的機率比那些人格貧瘠與幼稚的人來得高，這點符合一般人的觀察。

意識自我在個體化中的角色

如果男主角鄭六內心的女性形象已經從一位蕩婦轉為貞婦，乃至表現出超常的直覺與聰慧（也就是接近第四階段，象徵著智慧的蘇菲亞），我們幾乎可以說，鄭六的心態也逐漸從一位浪蕩不負責任的永恆少年轉化為成熟可靠的成年人。當他得到派令後，希望能偕任氏同行，但任氏不願意。

得到官職離家，本身是值得慶賀的事。鄭六因為此事，決定帶任氏前往。因為過去的他晚上得回自己妻子那裡，沒辦法跟任氏相處。趁著這次機會，他終於可以和任氏朝夕相處。用心理學的話來說，鄭六背離妻子的舉動意味著對現實責任的逃避，對男性而言，妻子是土地的象徵，指向我們現實的家園。希臘神話裡的奧德修斯在返家的路上接連遇到各種苦難，他和家鄉的伙伴們先後被女神瑟西與卡綠普娑給捉住，然而離鄉十九年後，能成功返鄉的只剩他一人。何以故？因為不論瑟西與卡綠普娑如何妖嬈多姿，她們的島嶼多麼衣食無缺，唯有奧德修斯堅持把「回家」的願望放在心上。易言之，他之所以能從史詩般的潛意識漂流裡歸返，實肇因於他對意識自我（亦即家園）的始終肯定。

前面提到，妻子象徵著土地，而土地又連繫著承諾、責任、勞動與義務，而這些概念無一不與意識相通。如果不是有意識地承擔責任和給出承諾，我們就沒有說自己「能夠負責」的理由，因為話語若是出於潛意識，就不可能出於個人的自由意志。鄭六得到官職與遠行的機會後，竟然立刻將妻子拋諸腦後，對阿尼瑪的占有欲及對現實責任的迴避，就是他最終失去內心阿尼瑪的首要原因。好不容易邁向更高層級的阿尼瑪形象如今又面臨退化成海倫階段的危險。

鄭六再三苦求，後來她才說出原因，原來巫師已經告訴她此番不可遠行，行必有禍。巫師的角色亦正亦邪，他們穿梭在生死，也就是意識與潛意識之間。這是為何傳說或童話中的女巫與巫師在第一時間裡很難被男女主角判定是伙伴或敵人的原因。判別他們的意見與身分，常常是故事主角能否逃脱生天，亦即完成個體化任務的關鍵。

鄭六知道後，嘲笑了任氏這個念頭，並繼續懇求，任氏只能無奈地說：「如果巫師的話應驗了，白白為你送死，你又有什麼好處呢？」鄭六與任氏在此段的交鋒透露的是鄭六內心的天人交戰，後者在陽性心靈的意見與阿尼瑪的呼請中擺盪。狐仙無疑已在告訴鄭六，若他不願聽從自己的建議，就會失去阿尼瑪的指引。

終於，我們看見了阿尼瑪被過度侵犯的結果。他們一行人來到馬嵬坡時遇見了訓練中的獵狗，任氏一見到獵狗，立刻現出原形逃跑，獵狗猛追不捨，不管鄭六如何喝止都沒用。最後任氏被獵狗咬死，佳人就此離世。狗是跟人類最緊密生活的動物，也是可被馴化與訓練的動物，牠象徵著我們內在已被意識化的本能。先前提過狐狸與狗的區別就在於前者難以被馴養，像阿尼瑪這樣的女性原型本來就無法被我們完全掌握與知悉，這是為何傳説裡的狐狸多以美女的樣貌現身。獵犬追趕任氏，逼得她必須現出狐狸的原形逃跑。

被馴養的狗追逐著無法馴養的狐，意味著鄭六想將處於潛意識的阿尼瑪給實體化或外部化，也就是鄭六想將她當成真正的人來擁有和看待，而非內心的一部分。任氏因此被迫現出了原形，原來那讓自己得到快樂，人格變得成熟的美女竟然不是一個真人，而是我內在本有的女性面。

前面談過，阿尼瑪是男性內在的女性靈魂，婚姻與愛情的產生少不了對她的投射作用。我們將阿尼瑪投射到伴侶身上從而開啟了浪漫愛，但關係若要繼續前進，卻需要我們將這投射給收回來。否則我們就只是在與自己的投射談戀愛，而不是跟眼前的那個「人」談戀愛。很多人或者在此時經驗到了原先美妙狀態的消滅而感到貧乏和怨懟，或者乾脆結束關係，將投射轉移到下一個人身上重新尋求幸福。這就是獵犬咬死任氏的原因。

阿尼瑪從來不是一個人，她是我們人格的一部分。親密關係提供了我們感知和認識她的機會，但將她視為一個真人來擁有時，我們就會感到失望。畢竟沒有任何人可以完美扮演我們內在的女神（或男神），所以我們必須學會處理那分源於自己的失望，而非希求在下一段關係中尋得本就不可能實現的夢想。因此才說所有要求阿尼瑪實體化的企圖都會失敗。故事裡的鄭六得官遠行就忘了妻子，也就是說，他在做官得意的時候想在外地再找一個人來愛，完全忘了當他落魄時，是怎樣靠妻子親族的幫助過生活。

阿尼瑪或阿尼姆斯必須被當成我們內心的一部分來處理，這件事再怎麼強調都不為過，否則我們就永遠會在外部尋找他們。中世紀時，阿尼瑪被視為女巫來燒死，因為那個時代的社會氛圍不允許個人內在的活力、性魅力及多變機伶的好奇心被釋放（不論男女都一樣），現實中的女性因此成為代罪羔羊。而在當代，我們則在各種外遇事件裡看到這類例子。在陽性心靈的敲邊鼓（亦即韋崟的嘲諷）之下，鄭六將阿尼瑪實體化與投射（亦即外部化）的企圖最終還是完成了，其後果就是任氏在獵犬的追逐中死去。

內在異性與外在他人的複雜關係

混淆內在異性（亦即阿尼瑪與阿尼姆斯）與外在真實他人的情況非常普遍。將異性（或親密關係）視為解藥，或把異性視為麻煩，是現代人面對關係危機時最容易採取的方式。鄭六就是前者，他選擇把現實中的異性視為解藥，殊不知，解藥其實是他內在的異性。把現實中的異性視為麻煩的人，則將「平淡」錯視為平靜，他們藉著「各過各的」生活方式同時迴避了與內在及外在異性的連繫，結果與鄭六相同，同樣割捨了內在異性可能為我們帶來的豐富性與活力。鄭六的個體化過程在此遇見了重大挫折。

親密關係所指涉的對象往往是內在異性與真實他人彼此混雜的結果，是「既此且彼」的。因此當關係出現了裂痕時，需要被檢討的不會只有對方，也包含了自己。當時對方吸引我的地方是什麼呢？我對幸福生活或和樂家庭的想像又是什麼？他或她承擔了我幸福想像中的哪個角色？我又承擔了對方幸福想像的什麼角色？除非他或她傷害了我的身體，否則真正讓自己受傷的往往是上述那些東西。關係危機的起因或許就源自對方意外地變成了我幸福想像的陰影。這提醒我們重新上路，走向個體化的重要性，因為此時的對方再也不能承擔我對完整生命的那分責任，責任必須回到自己身上。

鄭六的悲劇性源於個體化的中挫

鄭六與韋崟各自為任氏之死痛哭流涕，對於自己當時對建言的輕忽深感後悔。鄭六日後做了大官，或許正是他深刻反躬自省的緣故。至於後來他還有沒有再遇見狐仙，再次完成他的個體化之路？這點我們不得而知。但這番潛意識的奇遇徹底地改變了他，是毋庸置疑的。

我們在這則傳說裡看見了兩件事：第一，整合阿尼瑪的過程既複雜且精緻，其整合程度將決定我們人格的成熟程度，因此對阿尼瑪或阿尼姆斯的接納與個體化能否順利，兩者息息相關。第二，這則傳說歷來都被視為悲劇。然而，它的悲劇性並非佳人的橫死，而是鄭六在個體化過程裡的中途受挫。個體化可能開啟，也可能中斷。而情慾與關係則是我們的中年關卡。狐仙傳說的心理學，大體在這樣的劇情安排裡被中國文化給接受下來。

夜裡正倚在桌前，忽然一個鬼披頭散髮闖了進來，直直瞪著耿生。耿生笑了笑，用墨汁將手指染黑，也在自己臉上抹了抹，氣勢逼人地怒視著惡鬼。那惡鬼自覺沒趣，就溜走了。

二、青鳳（中國・《聊齋誌異》）

故事大綱

太原有一家姓耿的大族，由於家勢衰落，大片的房舍多半空下無人居住，因此常出現一些怪異的事。漸漸地，家人都被這些事情給嚇走了，只留下一個老頭子看門。往日寬闊的大院因此更顯得荒涼，但裡面卻時不時地會傳出一陣陣歡歌笑語聲。

主人家有一個姪子叫做耿去病，性格豪放任性，無所拘束。他叮囑看門的老頭子，如果再有什麼怪事，記得來告訴他。

一天夜裡，老頭看見樓上燭光搖曳，連忙跑去告訴耿生。耿生想進去察看，被老頭極力勸阻，他不聽。耿生本來對院子的門戶就很熟悉，於是獨自撥開雜草上樓去了。他聽見輕聲說話的聲音，於是偷偷察看，看見裡頭點著兩支很大的蠟燭，將室內照得有如白晝，裡頭有一對老夫婦，大約四十多歲，還有一對年輕男女，桌上擺滿酒肉，四人正在談笑。

耿生直接闖了進去，大笑說：「不速之客來啦！」眾人大吃一驚前去躲避，只有老頭喝叱道：「是誰？竟然直接闖入別人內室。」耿生說：「這是我家的內室，你們暫住就算了，擺酒自飲，也不邀請主人，實在太說不過去了。」老頭仔細打量他：「你不是耿家的主人。」耿生回答：「我是主人的姪子，狂生耿去病。」老頭向他先禮致歉：「久仰大名。」隨後請他入座，叫人換上新酒菜。耿去病制止了他，老頭就為耿生斟酒。耿生說：「我們情同一家，請在座各位無須迴避，一同出來喝酒吧！」老頭於是叫了聲：「孝兒！」那少年就從外邊進來了，原來那是他兒子。大家開始介紹起家世門第，老頭說：「我姓胡，名義君。」耿生平時就很豪放，孝兒也很瀟灑自如。兩人言談間不由得相互傾慕、敬佩起來。耿生二十一歲，比孝兒大兩歲，因此稱他為弟。

老頭問道：「您祖上寫過一篇《塗山外傳》，你知道嗎？」耿生知道，老頭說他們是塗山氏的後人，希望能為他講解一下五代以前的家族事蹟。於是耿生大略講了塗山狐女輔佐大禹治水的功勞，又加以潤色，用動聽的話語來講述胡家的先輩事蹟。老頭聽後十分歡喜，請孝兒將他母親和青鳳一起請出來聽聽先人的偉大故事。

不一會兒，婦人帶著女郎出來，那女郎身姿嬌弱，眼波裡流露出聰慧的神采，真是人間少見！原來這名叫做青鳳的女子是老頭的姪女，老頭誇她天資聰穎，過目不忘，若是能一起聽先人的故事，必定可以幫忙牢牢記得。耿生談完胡家的家世後，就開始喝酒。他眼光直盯著女郎，女郎發現了就低下頭來。耿生又悄悄地在桌子底下用腳踩了一下青鳳的小腳，女郎急忙縮回腳，卻沒有惱怒的表情。耿生更加心意動搖，不能自持，拍著桌子叫道：「能娶妻如此，讓我稱王也不肯換！」婦人見耿生失態，就帶著青鳳離開了。耿生大失所望，也向老頭告辭回家。

耿生回到家後心中仍然迷戀著青鳳。第二天夜裡，他又回到樓臺，只覺芬芳的氣息依稀可聞，但凝神等待了整晚，仍然寂靜無聲。回家之後他和妻子商量，想要舉家搬到那裡居住，希望能再遇到青鳳一次。妻子不同意，耿生就自己搬了進去，在樓下讀書。夜裡正倚在桌前，忽然一個鬼披頭散髮闖了進來，直直瞪著耿生。耿生笑了笑，用墨汁將手指染黑，也在自己臉上抹了抹，氣勢逼人地怒視著惡鬼。那惡鬼自覺沒趣，就溜走了。

隔夜裡，他又聽見了開門聲，耿生急忙窺看，又聽見了細碎的腳步聲靠近，竟是青鳳來了。青鳳看見耿生後，吃驚地倒退幾步，關上門出去。耿生在門外長跪不起，對青鳳說：「小生不怕險惡地在這裡久等，實在是為了妳啊！現在沒有別人，如果能握手歡笑，我就死而無憾了。」青鳳隔著門說：「我明白你的深情，但叔叔定的規矩很嚴，我不敢聽從你的要求。」耿生又苦苦哀求：「我也不敢指望和妳同床共枕，只要開門讓我見上一面就行了。」青鳳默許了他的請求，耿生狂喜，跟青鳳相扶到了樓下，抱起她放在膝上相互依偎著。青鳳說：「我們有前世之緣，但今夜過後，再相思也沒用了。」耿生問原因。青鳳說：「叔叔變成鬼嚇你不走，已經決定搬家離開，現在只有我在這邊留守，明天就要出發了。」說完，就想離開。

耿生強行留住她，想與她尋男女之歡，正在拉扯之際，老頭出現了。青鳳羞愧又害怕，不敢抬頭看。老頭怒罵：「賤丫頭，敗壞我家的名聲，再不走就用鞭子抽妳！」青鳳低著頭離開，老頭也跟著出去。耿生連忙尾隨，只聽老頭不停辱罵，又聽到青鳳嚶嚶地哭著，心如刀割，便大喊道：「罪過在我身上，與青鳳何干？要是寬恕了青鳳，哪怕刀劈斧砍，我也願意承受。」樓裡一下就寂靜下來，耿生這才回去睡覺。此後府第裡再也沒有怪聲，耿生的叔叔聽說此事後，覺得姪子是個異才，就將房舍低價賣給他。耿生就與家人搬了進來，住進一年，雖然很舒適，但仍無時不刻地掛念青鳳。

清明節這天，耿生掃墓回來，看見兩隻小狐狸被一隻狗緊緊地追著，逃了一隻，另一隻向著耿生嗚嗚哀鳴。耿生可憐牠，將牠放在衣襟裡抱了回來。狐狸放在床上後，竟然變成了青鳳。耿生大喜過望，青鳳說：「我正在與婢女遊戲，突然被狗給追趕。若不是你，一定葬身犬腹了。請不要因為不是同類而嫌棄我。」耿生說：「我日夜思念著妳，怎麼會嫌妳呢？」兩人無比歡喜。

過了兩年多，耿生正在夜讀，孝兒忽然闖了進來，他趴在地上悲傷地說：「家父遇到橫禍，除你之外無人能救，他本打算親自前來，但怕你不肯接受，所以讓我前來相求。」原來耿生的同榜友人莫三郎明日將從這裡經過，他捕獲了一隻狐狸，就是那老頭。孝兒懇求耿去病，務必向莫三郎求來老狐狸，放牠一馬。耿生說：

「當日在樓下的羞辱至今難忘，如果一定要我幫忙，就要青鳳過來求我。」孝兒流著淚說：「青鳳妹妹已經死在野外三年了。」耿生甩甩衣袖說：「若是如此，那我是恨上加恨了！」孝兒大哭失聲，摀著臉離開了。青鳳聽到此事後也大驚失色，問耿生說：「你救是不救呢？」耿生說：「自然是要救的，只是報復他先前的無禮而已。」青鳳於是高興起來。

第二天，莫三郎果然打獵歸來，途經此處。耿生站在門口迎接他，他收穫頗豐，其中還有一隻黑色的狐狸。耿生假託自己的皮袍破了，正想要一張狐皮來修補，莫三郎爽快地把狐狸解下送給了他。耿生立即交給青鳳，陪著客人喝酒。客人走了之後，青鳳把狐狸抱在懷裡三天，牠才甦醒過來，翻個身後立刻變成了老頭。青鳳對叔叔說了真相，老頭立刻對耿生下拜，表示歉意。青鳳對耿生說：「如果你心裡有我，求你把那座樓宅借給我們居住，使我報答叔叔家的養育之恩。」耿生答應了她，當天夜裡，他們全家就搬了過來。

此後他們兩家人猶如父子親人，再也沒有猜忌。耿生住在書齋中，孝兒常常過來與他喝酒聊天。耿生的兒子長大後，孝兒做起他的老師，他循循善誘，頗有師長風範。

故事解析

故事的開始，形容的是一個日漸蕭索破敗的家族，由於空下的房舍多了，屋內竟慢慢被妖怪給占據。夜晚常有不知哪裡來的聲音在那裡笑鬧，最後只留下一個老頭子看管大門，舉家搬遷離開。用心理學的話來說，世家大族指的是一個人原先用以立身處世的成功模式，它使我們看起來光鮮亮麗，受人敬重，通常也能很好地適應現實世界的要求。但即使如此，這樣的家族還是日漸衰落了，而這是象徵原有人格的逐漸封閉和過分仰賴優勢的心理功能所帶來的弊害。空下的房舍愈來愈多，甚至被荒煙蔓草跟鬼怪給占據，象徵著陰影在我們生活最順利的時候，竟然一點一滴地占據了我們四周，等到自己終於意會過來時，個人的生活卻早已動彈不得。

用夫妻關係為例，為了生活、為了孩子，夫妻兩人形成了絕佳的默契，一個主外，一個主內，把家裡遇到的各種挑戰分工進行。看似順利的家庭生活，卻不知道什麼時候起，竟然以犧牲夫妻感情為代價，兩人逐漸走向了陌路。原先以為的沉默只是疲憊，等到終於有機會一起吃飯時，才發現彼此竟相看兩無言。

空巢期的自我認同危機

除此之外，子女離家後，也有許多家庭主婦被空乏感給席捲。她們原先的母親角色在此時已經大幅鬆綁，但鬆綁沒有帶來解放，反而讓人得直接面對青春遠去的失落。雖然子女與丈夫的情感猶在，自己卻有股說不上來的空虛。往後的人生最少還有三十年的時光，因此想要趁此時為自己學習第二專長，或重拾原有專業及夢想者也大有人在。厭倦了被稱為誰的媽媽或誰的太太，但一時間又難以建立新的認同，因此在心理危機感的最一開始，我們都會有動彈不得的感受。這是自我認同的第二次危機（第一次則發生在青春期）。

最終偌大的房舍只留下一個老頭把守，易言之，原先的自我認同最終只剩一個外表的空殼，留下的僅有老化的應對模式。中國傳說裡常用家族的沒落來暗示亟待更新的人格，此處同樣可作如是想。

面對陰影是個體化的第一步

男主角耿去病向來作風豪放，此時他的出現正象徵了改變的契機，心理師陳曉彥曾向我指出，「去病」一名寓意頗深，很值得玩味。而作為家族中的年輕輩，他不僅不害怕夜半的笑語聲，還主動要求前去一探究竟，強烈地表達出想要重整生命的企圖。故事裡說他在黑夜裡撥開草叢，走上亮著燭光的樓臺，他窺見有四個男女在裡頭吃喝著酒席，甚是快樂，他逕直走了進去，大笑著說：「不速之客來啦！」

於是家眷紛紛走避，只有老狐狸留下來。占據著廢棄樓房的老狐狸是陰影的象徵，席中的少女（青鳳）則象徵著阿尼瑪，後者的重要性此時還尚未顯現。然而這卻是耿生與阿尼瑪及陰影的首次接觸。

耿生從在旁窺伺到要求入座顯現出他深入潛意識的勇氣，面對陰影將是我們個體化的第一步，因此當其他人急忙離開時，老狐狸卻待在原地，並開始了對耿去病的一連串考驗。作為阿尼瑪的少女青鳳在此時僅一閃而逝，但他的好奇無畏卻注定了自己將會得到重要的禮物。

老狐狸的挑戰

狐狸老頭喝叱他的舉動，耿去病則自信地回答，說他是屋子的主人，怎能不受邀？讀者要特別注意接下來的描述，因為這象徵著耿去病清楚地知道自己的身分，亦即作為一個新生的人格，他希望自己被當成新的意識自我來看待。事實上，他並不是老房子的主人。老頭仔細地端詳他後也提出了質疑：「你不是耿家的主人。」這是老狐狸對耿去病的第一次挑戰。

耿去病因此改口，承認自己是主人的姪子。換言之，狐狸是在問他，耿生是代表誰在宣稱對人格的主權？耿去病的回答則意在說明，他既非原有已經老化腐朽的固有模式，但也非一個拷貝複製的外來標籤，而是一個帶著蛻變可能性的新生人格。老頭這才邀請他入座，他通過了第一個考驗。我們知道，老舊的自我固然已失去作為人格核心的權力，但若為了逃避茫然與焦慮，未經思索地胡亂抓取一個新的認同也同樣於事無補。

整合之道是向內探索，而非向外抓取

舉例來說，許多不知人生意義何在的高中生選擇心理系為第一志願，或大學生以延畢及念研究所當作逃避進入職場的藉口，都是同樣的因素在作祟。他們並非真心認同這門學科或技藝，只是需要一個緩衝和一個理由。對遭逢中年危機的人來說同樣如此，他們開始參加宗教聚會（即使內心毫無感動），迷上紅酒、跑車、房地產，或是其他讓人上癮成迷的東西，似乎只要有一項能夠投入的興趣就可為褪色的生活增添風采。但如果鹽巴已失了味，加得再多又有何用呢？

如果我們以為可以藉由擁有物的增加來定義自己，那麼整合之道必定失敗，因為整合是向內的探索，不是向外的抓取。更高的學歷、更響亮的頭銜、更多的房子、女人、存款或旅遊地。從某個經理主任還是院長老闆搖身一變成為品酒師或跑車達人，這對死亡所帶來的終極孤獨經驗有什麼益處呢？捐款布施做功德，卻從未由根本處思考作為一個人的自己究竟為社會與旁人留下什麼有意義的遺產，這對真實的神聖又有什麼幫助？難道神明是可以用錢買通的嗎？或死神偏愛紅酒專家？這些舉動和稱謂不過是自欺欺人的包裝紙，除了還未醒覺的自己外，不會有人上當。

深入內在黑暗的耿去病

耿去病和老頭的兒子一見如故，兩人很快地便以兄弟相稱。如果作為妖怪的老頭是我們內心的陰影，那麼老頭的兒子孝兒，就是陰影之子。老頭若是舊有人格的陰影，孝兒便是新生人格的陰影。這一段新人格與自身陰影的相逢，注定了耿去病將得到繼承家業的資格。因為他的叔叔，也就是家宅的主人，或者說原先老化的人格，從未有過面對自身陰影的勇氣；然而耿去病卻敢於和自己的陰影稱兄道弟。

我們知道，陰影是我們自我認同的一部分，由於成長的過程中而被我們壓抑和否定。雖然我們總是羞於承認或接納它，但若沒有它，我們也會失去活潑的經驗，失去與生命中心相連繫的能力。這麼一想，耿去病的豪放就其來有自了。他敢於接納自己的陰影，敢於在內心的黑暗中前進。所以在面對老頭的提問時，他完全沒有退縮，這才順利取得了狐狸一家人的歡心。

老狐狸很快地丟出第二個挑戰：他問「您祖上寫過一篇《塗山外傳》，你知道嗎？」其實並沒有《塗山外傳》這本書，但書名確實有些學問。《呂氏春秋》說，大禹三十歲了還沒娶親，擔心自己年紀太大沒有後代，動了結婚的念頭。此時出現了一隻九尾白狐，當地人也為之唱了一首塗山歌，歌詞中說，誰若是娶了塗山氏的女子，誰的家族就會昌旺。於是大禹便跟塗山氏的女嬌結婚，生下了兒子。因此女嬌與塗山氏遂被視為狐狸之祖。

耿去病為這段故事加油添醋，狐老頭被哄得很開心，叫家眷一同出來拜見。從心理學的角度來說，狐老頭這次提問的目的是為了測試耿去病對陰影的認識程度。耿去病不僅指出狐狸的先祖，還大大讚揚了他們。易言之，他肯

〈塗山〉歌云：「綏綏白狐，九尾龐龐。寥寥千年，只待惘惘。綏綏白狐，九尾龐龐。與君相擁，地久天長。綏綏白狐，九尾龐龐。成子家室，乃都攸昌。」相傳大禹和女嬌成婚後沒幾天，大禹就離家繼續治水工程。他的兒子是由妻子撫養長大的。這裡說的仍是古代「只知有母，不知有父」的母系社會遺留。

■「大禹治水之九尾狐說親」，青銅雕像，位於中國湖北武漢江灘。

定了陰影的歷史，也肯定了陰影作為人格整合因素的重要功能。大禹和女嬌的傳說，既可被理解為人與狐的結合，也可被認識成自我與陰影的整合。正因耿去病明白此點，女主角青鳳才正式地現身。

與陰影對視的勇氣

故事裡不僅形容了青鳳的美麗，更強調她天資聰慧，過目不忘。易言之，作為阿尼瑪，青鳳的魅力不僅只有外表而已，她的知性同時也是吸引著耿去病的原因。然而耿去病酒後失態，不僅用腳輕薄了對方，更口出狂言，惹得對方女眷老大不高興，離席而去。他也自知理虧，跟著道別。為與阿尼瑪整合的第二次經驗留下遺憾。

第二晚，他獨自上了樓，卻什麼也沒看見，第三晚再去，只來了一個惡鬼試圖嚇唬他。耿去病笑笑地以手蘸墨，將臉塗黑，與那惡鬼對視。惡鬼是老狐狸假扮的，這是他對耿去病發起的第三次挑戰。但耿去病既不畏懼躲閃，也不反抗出擊。而是與那惡鬼互相對看，惡鬼自知討不了便宜，就自顧自地溜走了。正是在此處，耿去病向陰影證明了自己。因為陰影是我們自身的一部分，如果耿去病對他拔刀相向，務要除之而後快，那麼他將陷入原有人格的錯誤。否認黑暗面，逃避黑暗面，結果就是形成另一個僵化的人格。但對陰影的屈服會有另一層惡果，那就是讓自己成為黑暗本身，從而使人性墮落。

耿去病用手蘸墨塗黑臉，顯示他並不畏懼讓自己「和其光，同其塵」，亦即願意嘲弄自身的人格面具並以平等的態度來接納陰影。用這樣的臉對著惡鬼怒目而視，則表示他不屈服於陰影及內心之惡的壓力。能與心中的惡鬼對視而非對抗的人，才能真正地自我肯定，不隨他人的焦慮起舞，易言之，他們會拒絕被兩極化或選邊站，而選擇一個更中道的位置。在著名小說《地海巫師》（見《故事裡的心理學》下冊）中，年輕的巫師格得被自己從地獄裡召喚出來的亡靈纏上，不論怎樣與之對抗或是逃跑，都無法脫離糾纏。直到那一刻，他終於返家之後，師傅告訴格得：「你必須轉身。」這才扭轉了他的命運。

無論是格得的轉身，或耿去病對惡鬼怒目而視，在分析心理學中，都意味著挺起胸膛與陰影相對視；在存在心理學裡，則意味著向下開展深度，回頭自我面對，成為能與每一個「你」相遇的「個體」。

與阿尼瑪的第三次接觸

終於，青鳳出現了。她小心翼翼地在門外答應著他不敢靠近，耿去病也隔著門和她說話，知道青鳳不願見面，他長跪不起，最後賭誓，只見一面就會滿足，青鳳這才開了門。沒想到耿去病食言而肥，不停想和青鳳親近，兩人拉扯之際，老頭突然出現，對著青鳳破口大罵。青鳳理虧委屈，只好快步離去。耿生心如刀割，便大喊道：「罪過在我身上，與青鳳何干？要是寬恕了青鳳，哪怕刀劈斧砍，我也願意承受。」樓裡卻一下安靜下來，此後狐狸遂絕了跡。耿去病雖然通過了陰影的考驗，但與阿尼瑪的第三次接觸仍以失敗告終。故事彷彿在讓我們知道，只要他繼續以情慾的眼光看待阿尼瑪，他就無法真的親近和認識自己的女性靈魂。

怎麼說呢？在〈任氏傳〉裡我們曾介紹阿尼瑪的四個階段，將她視為美麗少女雖無不可，但卻遠遠貶低了她作為生命之源的特質。在褪去了情慾的色彩後，阿尼瑪甚至將帶給我們智慧並替我們指出參與神聖的路徑，後文裡的〈小翠〉便是這樣的例子。因此耿去病急於和青鳳親近，正是他失去青鳳的原因。叔叔知道此事後，驚異著耿去病的表現，願將老宅低價賣給他。耿去病住進去後一整年都很舒適，只是時時掛念搬了家的青鳳。清明節這天，他掃墓回家的路上，看見一隻獵犬急切地追著兩隻狐狸，一隻逃出生天，另一隻卻迎著他低鳴，似在向他求救，耿生將牠帶回後，竟然變成了青鳳。

同理他人的第一步

我們在〈任氏傳〉中已經談過狗與狐的象徵，狗是可被馴化教養的動物，但狐狸則否。然而狐狸雖然未可馴養，卻不會獵捕人類豢養的家禽，因此縱使難以親近，卻與人類相安無事。狗對狐狸的獵捕，是人意欲追捕內心縹緲直覺的象徵，然而將直覺的意識化，甚至將阿尼瑪所化身之狐狸的實體化，卻會使我們喪失它。不論狐狸在我們心中象徵著哪一方，都是對心靈領域的侵害。追捕得愈凶，狐狸躲藏得愈遠。作為潛意識的信差，狐狸存在於意識的邊界，猶如現實裡的牠生活在人類可望而不可及的地方一樣。殺死信差的結果，就是不再有人送信，這是釀成任氏悲劇的主因。

然而，耿去病卻保護了狐狸。狐狸向他求救，雖然言語不通，但他仍能感受到狐狸的心意，從而選擇幫助了牠，將牠放在床上。青鳳的現身不正是對此行為的回報嗎？耿去病保護了潛意識的信使，因此贏得了與阿尼瑪見面的第四次機會。能明白他人的恐懼與憂傷，哪怕對方未曾使用言語，這便做到了同理的第一步。許多人之所以很難將自己放在對方的境地，並非源於邪惡或無知，他們只是怯懦，因此無法卸下心防來和眼前的那個人在一起。

性追求對象，愛追求成熟

那些能愛人的人，一定也能愛自己。反之亦然。一個無法愛自己的人，也無法愛人。而怯懦的人無法去愛，他們只能懷疑，只能譏諷，只能在心裡築起高牆，有意無意地遠離愛的情境。無法愛的人只能是阿尼瑪或阿尼姆斯的奴隸，他們只能被這兩個原型之一所占據，卻以為自己在愛。易言之，他們只是順從古老的本能或者社會的習俗去愛。真正的愛是有意識的，它可能會混雜情慾，但愛卻不是情慾。

分析師西奧多・芮克曾說，性是自然現象，愛卻是文化發展的結果。性的對象可以隨便，愛卻不能。前者可以像是性器官的附屬品，後者永遠都被當作一個人，一個有人格的人。性對象必須具有某種生理特質，可以激發性慾，愛的對象卻非如此。性的吸引力跟人格的吸引力並不相同。性渴望追求性慾的樂趣，愛卻追尋幸福及喜悅。性徹底自私，為了滿足而利用對方；愛則不只是自私的，假若愛如性一樣自私的話，愛就不會是愛了。愛永遠都是對對方之福利或幸福的關切，因對方不在而悔痛，渴望與對方同在，不在便覺孤單；愛會為對象的生死禍福擔心。在赤裸裸的性中，這些特質均不具備。

而耿去病終於向阿尼瑪證明了他的愛戀裡不是只有性，證明了他能同理他人乃至異類的感受，能無私地對沒有利害關係的人表達關愛。換言之，他已經知道，愛牽涉的不是一個對象（只有性衝動才會需要一個對象），而是一種成熟的能力。這不僅是耿去病的功課，事實上，也是所有現代人的功課。我們之所以找不到愛，所缺的不是一個可以被自己愛的人，而是我尚未準備好去愛的證明。因此愛不能單單向外尋求，例如更多的聯誼、親友的介紹或婚友社安排的相親等，愛還涉及了我個人的成熟。只有我能在聽從愛的本能之餘，還能自主地「承諾」去愛，愛才得以完成。從潛意識的本能到有意識的選擇，耿去病終於通過考驗，與青鳳有情人終成眷屬，各個歡喜。在當代男女關係的情境裡，這裡則可被我們理解為他對妻子的愛從本能式的情慾轉成了有意識的依戀，在關係裡完成了自身人格的轉變。

與陰影和諧共處的新自我

又過了兩年，孝兒在某個夜裡闖進耿去病的房間下跪，哭求耿生救救自己的父親。他的同榜友人莫三郎明日將從此處打獵經過，他手上有隻受傷的黑色老狐狸，就是他的父親。耿去病在這裡欺騙了自己的陰影，若使青鳳來求則一切好談。老狐狸曾經三番兩次給他出考題，耿去病一改過去豪爽的個性，也捉弄了一回老狐狸與孝兒，這說明了耿生變得比以往靈活而有效能，作為新人格，他的確展現出了適應性的一面。

但孝兒卻回答，青鳳早已死在野外了。耿生則說：「若是如此，那我是恨上加恨了！」話雖如此，耿去病仍舊編了藉口向友人索來了老狐狸，青鳳將牠放在懷裡三天，老狐狸這才甦醒。這是一場與新舊陰影和解的戲碼，所以當青鳳要耿去病邀請老狐狸一家回舊宅居住時，耿生一口答應了下來。從此兩家和睦，有如父子親人。

老狐狸一家遷回舊地與耿生融洽相處，象徵著新生的自我已與新舊陰影找到了和諧共處的方法，他們在老府第裡頭的共融共好，就是新認同已經強固和人格重新取得活力的證明。意識自我與陰影的合作無間，標誌著原有的老舊人格在歷經了新的整合後脫胎換骨，足以應付中年（或其他人生階段）後的新挑戰。可以預期的是，我們的人格需要時時更新，因此這並不是個體化的終點。

果不其然，孝兒後來成為耿去病之子的老師。暗示著新舊人格的傳承與個體化過程的持續進行。故事說，孝兒循循善誘，頗有老師的風範。看來若能互動得法，陰影確實是我們成長路上的良師。

三、毛狐・醜狐

1、毛狐（中國・《聊齋誌異》）

故事大綱

農家子弟馬天榮，妻子過世後因為家貧無法再娶。有一天他在田間除草，看見一位盛裝的少婦踩著禾苗從田壟上穿過。她的臉色紅潤，情致也很風流。馬天榮懷疑她是否迷路了，眼見四周沒有人，他上前去挑逗調戲她。少婦似乎也不拒絕，馬天榮就想要和她野合。

少婦笑著說：「光天化日之下，怎麼能幹那種事呢？你回家等我，天黑時我一定去找你。」馬天榮不相信，少婦對著天發誓。馬天榮這才把自家位置告訴她，半夜時，少婦果真來了。兩個人同床共枕，相親相愛。馬天榮覺得少婦的肌膚尤其細嫩，點上燈一看，她的皮膚又紅又薄，就像新生兒一樣，全身長滿了細絨毛。馬天榮感到很奇怪，又覺得少婦來路不明，心中暗暗懷疑，她莫非是狐狸變的？所以就半開玩笑地問她是不是狐仙，少婦竟毫不掩飾地承認了。

馬天榮說：「妳既然是仙人，自然想要什麼就有什麼。既然我承蒙妳的眷愛，可否弄一點銀子來救濟我呢？」少婦答應了。第二天夜裡，少婦來的時候馬天榮就向她索要銀子。少婦故作驚愕地說：「唉呀忘記了。」少婦臨走時，馬天榮又囑咐她下次來別忘了帶銀子。到了夜裡馬天榮又問她一次。少婦笑了，請馬天榮再等上幾天。

過了幾天，馬天榮又向她索討。少婦就笑著從袖子中拿出兩錠白銀，大約有五、六兩。馬天榮非常高興，把它收藏在匣子裡寶貝起來。半年以後偶然急需用錢，才把銀錠拿出來給別人看。有個人說：「這是錫啊！」說著就用牙使勁一咬，果真被咬下一塊。馬天榮大為吃驚，收起兩塊錫錠回家。夜裡少婦來了，馬天榮生氣地指責她。少婦卻笑著說：「你的命薄，給你真銀子恐怕你也無福消受。」隨後嫣然一笑，便把這件事搪塞過去了。

馬天榮又說：「我聽聞狐仙各個國色天香，美貌非凡，看來並非如此。」少婦回答：「我們狐仙也是根據交往的對象變化的。你連享受一兩銀子的福分都沒有，就是白送你一位沉魚落雁的美人，你又如何消受得了？以我的醜陋愚蠢，當然不配去侍奉上流人物。但跟那種駝背彎腰，長著一雙大腳的女人比起來，我也算得上美女了。」

過了幾個月，少婦突然拿出三兩銀子送給馬天榮說：「你屢次向我索討銀子，我都因為你命薄而沒給你。如今你就要娶妻了，我送你一點聘金，也藉此作為臨別的贈禮。」馬天榮解釋，自己並沒有結婚的想法。少婦說：「一兩天內必定有媒人上門。」馬天榮說：「我實在不敢奢望美女，但才三兩銀子怎麼當聘金呢？」少婦回答：「這是月老的安排，不是人所能夠左右的。」馬天榮又問：「妳為什麼忽然跟我分手呢？」少婦說：「我每天晚上匆匆來去，終究不是長久之計，你有妻子後，我還苟且相從有什麼意思啊？」天亮後，少婦就匆匆離去了。

第二天，果然有媒人提親。馬天榮先問女方的相貌，媒人說：「女方的相貌不美也不醜。」馬天榮又問：「聘金要多少？」媒人說：「大約四、五兩。」馬天榮說聘金不成問題，但一定要先看過本人。媒人擔心良家婦女不肯拋頭露面，最後雙方約定一起到女方家走一遭，媒人囑咐馬天榮要見機行事，不要暴露。

到了女方家後，媒人先走一步，讓馬天榮在外頭等著。過了好半天，媒人才回來告訴他：「事情辦妥了，你等會兒就裝作去屋裡拜訪我的表親，在她家門前經過時便可就近看一看。」馬天榮照媒人說的做了。果然看見女子在屋裡坐著，上身正趴在床上請人在背上搔癢。馬天榮在她家門前快步走過時，目光也在女子臉上掃過，看見女子相貌正和媒人說的一樣。等到商議聘金的時候，女方家並不爭銀子多少，只求有一、二兩銀子給女子置辦新衣服、送女子出閣就可以。馬天榮又還了點價才拿出銀子，結果馬天榮出的聘金加上酬謝媒人以及聘請文書先生的費用，正好用了三兩整。

待選好良辰吉日，迎娶妻子過門時，馬天榮才看清楚妻子雞胸駝背，脖子縮著像烏龜一樣，再往下看，腳就像小船一樣大，有一尺來長。馬天榮這才醒悟，狐女當初說的話都是有原因的。

故事解析

同樣是遇見了內心的阿尼瑪，但也有不思長進的，故事裡的馬天榮就是一例。故事一開頭就說他喪妻以後因為家貧不能再娶，易言之，他是一位僅能勉強自立的中年人，同時還面臨了喪偶的困境。田邊荒地象徵著潛意識，而土地上的雜草則象徵著他荒蕪的內心亟待整理，這是為何他會在四下無人的田地裡看見一位盛裝的少婦，因為這是潛意識功能帶來補償的時刻。但他卻在看見落單少婦後立刻放下手邊工作想挑逗對方。易言之，他沒有意願改善自己的物質環境，也沒有意願開墾貧乏的心靈。也難怪他會在接下來的情節中分不清錫與銀。所以真正貧困的不僅是他的物質生活，顯然也是他的內心。

救世主情結

作為內在的阿尼瑪，故事裡的狐仙並沒有明白拒絕他，而是滿足了他的色慾幻想，答應兩人夜晚再會。然而，馬天榮在滿足過後懷疑對方是隻狐狸，少婦也大方地承認。馬天榮打蛇隨棍上，立即跟對方索要銀兩，意欲人財兩得。也就是說，馬天榮把改變生活際遇的條件全部寄託在他人身上，再次地說明了他沒有意願靠自己改善物質環境，而這本是個體化之路的前提。這樣的人自然只會錯失潛意識的提醒，錯失成長的機會。

但狐仙卻總是答應他又三番兩次地以忘記了當作藉口。換句話說，狐狸在暗示馬天榮，要想靠他人改變自己的生活際遇是不可行的。兩人周旋的歷程象徵著我們與阿尼瑪的互動總是有進有退，彼此拉扯。明智的人會抓住這個象徵背後的意涵，不去急著將它解決，而是等待時機成熟後超越性功能出現的那一刻。

但馬天榮缺乏這樣的謹慎，他只是急著要對方為自己負責。這不正是許多人在成長路上所犯的錯嗎？他們期待一個神奇的魔法，一個能解決一切的完美方案來讓小孩聽話、讓另一半低頭、讓自己得到重用。好比恬不知恥的馬天榮希望狐仙能給他銀兩變得富裕一樣。這樣天真卻錯誤的期待，在心理學裡被稱為「救世主情結」。我們把自己視為無能為力的受害者，然後將改變的能力與責任都投射到對方身上去。但馬天榮並不理會這些。

終於，他迎來了自己的考驗。

青睞的對象就是自身人格延伸

某天，狐狸拿出了兩錠白銀相贈，沒想到後來他才發現，白銀竟然是錫所做成的。他憤怒地指責狐狸並出口嘲笑對方：「我聽聞狐仙各個國色天香，美貌非凡，看來並非如此。」狐狸卻回答他：「我們狐仙也是根據交往的對象變化的。」這句話充分表達了阿尼瑪的特徵。我們在〈任氏傳〉中談過，阿尼瑪與阿尼姆斯的形象往往會根據一個人內在的發展程度而有變化。何以馬天榮遇見的狐狸不是天香國色，僅是稍具容貌、身上長著細毛的女人呢？因為他自己就不是個好東西。

狐仙告訴馬天榮，對於一個沒有福氣的人來說，銀子與美女是怎麼也用不上的。他的福分只配擁有一隻毛狐，但如果他不懂得把握和改變，最終他只會得到一個駝背彎腰，長著大腳的女人。換句話說，我們會遇見什麼對象，受到什麼對象的吸引（或者我們吸引了什麼對象）往往說明了我們自己處於什麼狀態。世界是內心的延伸，我們青睞的對象也是我們人格的延伸。在親密關係裡，人格的品質一目了然，絕少出錯。問題很少出在沒有可以愛的人，而是我們不具備去愛的能力。但他顯然沒有聽懂狐狸的話，就好比許多年輕學生聽不懂老師或具經驗者的勸導一樣。即使貴人就在身邊，但因為內心過於汙濁晦暗，即便得到夜明珠也無法照亮。命運絕不公平，成長也不會等人。當煉金過程啟動的那一刻，誰是真正的煉金術士，誰又是裝神弄鬼的騙子，很快就會揭露。

轉識成智的心靈煉金

這是為什麼馬天榮分不清銀錠與錫錠的原因，即便他如此渴求著白銀，卻根本看不清它的真假。從深度心理學的角度來看，銀、錫的區分是阿尼瑪給出的考驗，如果連貴賤金屬都不會分別，就代表他不具備辨別善惡好壞的基本能力，貪求更多的銀兩又有什麼幫助？他就是那個以為擁有更多「外在知識」（也就是錢財）就可以改善生活、找到人生意義的現代人。這麼一想，傳說似乎不僅是傳說，它仍然十分貼近我們的生活。

在煉金術的理論中，所有的金屬都由同樣的基本物質所混合而成，差別只在比例而已。他們對賤金屬的煉燒（通常是錫），目的是要將其還原成基本物質，並得到哲人石（**elixir/philosopher stone**）。榮格形容這個過程是破壞支解舊有人格，而後產生新人格的過程。易言之，煉金術士在此過程裡真正想要追求的不是物質的黃金，而是心靈的黃金，也就是自性（指哲人石）。在煉燒、蒸餾與還原的反覆操作中，煉金術士將內心的潛意識風景投射到眼前的實驗過程，從而在文獻裡記錄下那些煉金時產生的種種意象。這是煉金術文獻為何字詞矛盾又不統一的主因，因為煉金術的真實要義乃是心理學的，而非化學的。

這個過程用佛家的話來說，就是「轉識成智」。煉金術士們當然懂得那些基本的化學知識，但他們真正看重的不是這個，而是投身此過程帶來的內心體驗。匣子是有蓋的小方盒，外表通常會有裝飾，用來收放珍貴的物品。匣子象徵著主角馬天榮的內心，但他不僅分不清好壞，將沒有價值的錫當成寶貝收納在心裡，同時也欠缺轉識成智的意願。如果他肯踏實地走向心靈煉金的過程，那麼原先無用的東西，也可能逐漸轉為珍貴的哲人石，從而將自己的生命開展成完整的圓。但他過早地打開了匣子，讓內心的錫沒有機會醞釀質變，這樣的失誤注定他將要錯失成長的機會。

當他指責毛狐騙人，質疑她為何不是國色天香的時候，就已種下了雙方分手的原因。果不其然，幾個月後，少婦拿出了三兩銀子送給馬天榮，狐狸離開的時候到了，因為他的命運女神已經前來赴約，馬天榮失去了最後的機會還不自知。他掛記的首先是錢太少（才三兩怎麼當聘金呢？），其次是還仍舊想著齊人之福（妳為什麼想跟我分手呢？）。

具有救世能力的搗蛋鬼

他要求媒人得先親眼看看女方，媒人使了個詐，讓女方趴在床上給人搔癢，就此掩蓋她駝背的事實。媒人是古代中國穿梭在男女兩家，為雙方說媒介紹的人。諺語有云，「媒人嘴，胡累累。」意指媒人往往誇大其詞，不可輕信。在婚禮中，媒人可享有一份大紅包，提親時，也必須有媒人在場。她負責替雙方商議聘金與嫁妝多寡，協調婚禮細節與日期，實在說來，是一個非常重要的中介角色。正因為這樣的角色，在民間文學裡，媒人總是象徵著多變機巧的角色，總能出人意表地給出主角想不到的策略，她們的文化水準往往比較低下，但這卻使她可以不顧禮教，提出有效的方法，因此男女主角很難駕馭或支配她。

換句話說，媒人處在意識與潛意識之間，其靈活與奸詐的特性，正是搗蛋鬼原型的特徵。我們知道，搗蛋鬼有著惡作劇的形象，他具備雙重特徵，愚弄他人的同時也被他人給愚弄。特別的是，搗蛋鬼帶有救世主的色彩，他的出現會帶來療癒的可能。媒人不正是這樣的人嗎？她促成了婚姻，也就是「神聖結合」的象徵，這就為她帶來了救世主的特色。但搗蛋鬼們救世的方式可不總是令人歡迎的，而是帶著惡意的玩笑，讓人從悔恨與痛苦中學習成長。媒人大大地捉弄了馬天榮說：「女方的相貌不美也不醜」，但體態與身材可不在她的保證之列！

命運的兩份贈禮

直到新婚時，馬天榮才看清妻子的模樣，雞胸駝背，長著大腳。腳連繫著土地，是人身上負重的主要部位。中國古代文人對小腳的偏愛，說明了他們內在有著幼稚的情慾幻想，大腳則反之，象徵著踏實、穩定、擔當勞苦與接地氣。對馬天榮來說，這正是習慣投機的他最需要的。如果說，毛狐是命運給他的第一份禮物，那麼這位三兩銀換來的妻子就是命運給他的第二份贈禮。他曾經糟蹋了第一份禮物，未能將無價值的錫轉化成有價值的銀；或許第二份贈禮能讓他明白真正重要的東西，使他向自己原先排斥和逃避的對立面學習。

在童話故事《北風的禮物》中，長年辛勞卻被北風吹壞收成的農夫終於受不了了，他前去尋找北風討公道。北風送給他一個可以變出滿桌酒食的盒子，但要他保守祕密。農夫沒有聽從，結果寶物被地主給奪走了。他又再找了一次北風，這次北風告訴他這個寶物更好，等餓到不行再打開，沒想到這回出現的不是食物，而是兩個彪形大漢，他們對著農夫就是一陣猛打。鼻青臉腫的農夫在挨打後似乎明白了一些事情，他用這個寶貝欺騙貪婪的地主與自己交換，地主因此被痛打一頓，農夫為自己報了仇。

很多時候，人若不受氣吃虧就無法成長。童話裡的農夫是如此，馬天榮或許也是。從中等之姿的狐仙到長著大腳、雞胸駝背的妻子，馬天榮遇見的兩位女性，外貌明顯地在逐漸倒退，意味著他的阿尼瑪形象也在退化，暗示他必須回頭處理好個體化路上的最基本功課，也就是現實的要求。個體化貫穿了人一生全程的發展，一般來說，在它的前半段，我們必須努力去完成個人職涯與養育家庭的責任，中年之後才轉而向內。而一直以來過得很「飄」，將改變生活的責任寄託在他人身上的馬天榮顯然不夠資格。

雖然故事沒有接續下去，但它的意義卻很明白了，人若不抱持著深刻的覺知來生活，不僅會錯失轉化的機會，原有的痛苦與貧困也只會加劇。作為內心的使者，狐狸要提醒我們的，正是如此。

2、醜狐（中國・《聊齋誌異》）

故事大綱

穆生，長沙人，他的家裡潦倒貧困，連冬天的衣物都沒有。有天下午，門外走進一個女子，生得又黑又醜，卻穿著華麗的綾羅綢緞，她笑著問：「大冷天裡穿得這麼單薄，不怕凍著嗎？」穆生驚詫萬分，問她是誰。女子說：「我是狐仙，看你過得孤苦寂寞，想幫你暖暖床鋪。」穆生怕她是狐狸，又嫌長得醜，因此大聲呼叫。女子便從身上掏出一錠金元寶放在桌上，說：「你若和我好，就把這錠元寶送你。」穆生聽後就高高興興地答應了，可是床上連被褥都沒有，女子脫下了她的袍子當成被褥，兩人就這樣過了一夜。

翌日起床後，醜狐囑咐他：「快把錢拿去買布料做成被褥和棉衣，剩餘的買食物也夠用了，若能夠一直相好下去，你這輩子就不會挨餓受凍！」說完就走了。穆生趕忙把這事也告訴自己的妻子，妻子一聽也很高興。

醜狐晚上果然如約而至。看見嶄新的鋪蓋非常高興地誇獎他的妻子，說她辛苦了，並留了些銀子給她作為酬謝。此後，她每晚都來和穆生纏綿，每次出門前也會留下些銀子來周濟穆生。過了一年多，穆生的家煥然一新，家裡開始蓄養起僕人，如同有錢世家一樣。慢慢地，醜狐送來的東西愈來愈少，穆生便漸漸開始討厭起她，最後竟然找來法師，將辟邪驅狐的咒符貼在門上，想將她趕走。

醜狐看見後怒不可遏，把那符咒撕下，跑到穆生前面說：「你這忘恩負義的東西，你以為請些道士法師的就能奈何得了我？你若是討厭我，我自然會離開你，不用你趕，但你從我手中拿去的東西必須還給我！」說罷氣憤地離開了穆生家。穆生嚇壞了，連忙告訴法師，法師親自開壇做法，他在穆生家院子裡設置了神壇，神壇還沒布置完，人就仰面倒了下去，血流得滿臉都是，眾人趨前一瞧，那個法師的耳朵被割了一隻，眾人嚇得四散逃離，那法師也捂著耳朵倉皇逃走。家裡面到處可見大大小小的石頭飛進來，屋頂、窗戶、家具，鍋碗瓢盆都被砸壞，穆生躲到床底下縮做一團。

不久，醜狐抱了一隻貓頭狗尾的怪物走了進來，把牠放到穆生的床前，喚了聲：「嘻嘻，去！咬那個壞蛋的腳！」怪物竄進去一口咬住了穆生的腳，牠的牙齒比刀還鋒利。穆生想縮起腳來，可是不知怎麼地全身無法動彈，怪物啃他的腳趾咬聲清脆響亮，穆生不斷哀告求饒。醜狐冷笑著說：「把全部的金銀財寶交出來，不許有所隱瞞！」穆生只得答應，醜狐對怪物呵呵地叫了兩聲，怪物就不咬了，穆生已經疼得無法站立，只得對她說了金銀珠寶收藏的地方，醜狐盡數搜刮後又嫌太少；醜狐十分不滿，再令怪物去咬穆生的腳，穆生苦苦哀求，並答應會還銀子。

醜狐限他必須在十天內歸還六百兩，穆生無奈地應允，醜狐才抱著那怪物走了。等穆生被家人拉出來後，大家才發現他的兩個腳趾被咬掉了。再一看，屋子裡全部值錢的家當都被醜狐拿去，床頭依舊是從前那條破爛不堪的棉被。穆生趕緊叫妻子變賣了僕傭與衣物，才勉強湊足了六百兩。到了第十天，醜狐如約前來。拿到錢後，醜狐一句話也沒說轉身就走，兩人就此恩斷義絕。穆生的腳傷整整治了半年才好，但他又跟從前一樣的貧困了。

過了不久，醜狐又找上了鄰村的于某，于某是個只知道幹活的老實農夫，家境並不富裕，但在三年的時間裡，他不僅捐錢買了功名，而且樓房還一棟接一棟地蓋了起來，家人的穿著用品也華麗高貴，那些都是從穆生身邊拿過去的！穆生見到了也不敢吭聲。有一天，兩人竟在路上相逢，穆生嚇得跪在路邊，醜狐見了他一句話也沒說，只拿白手帕裹著五、六兩銀子，遠遠地丟給穆生，回頭走了。

後來于某去世，醜狐還是不時地到于家去，于家的財物也經常會莫名其妙地丟失，家裡人都知道是怎麼一回事，等醜狐再來時，于某的兒子誠摯地給醜狐叩頭，遠遠地向著醜狐祝告：「父親雖然已經去世，可我們畢竟還是妳的兒子，妳縱然不來撫恤照料我們，又何忍心看著我們挨餓受凍呢？」醜狐聽罷就走了，從此再也沒有回來過。

故事解析

作為阿尼瑪的狐狸雖然會為我們帶來轉化的可能性，待之不慎也可能帶來災禍，穆生故事就是一例。比起馬天榮，穆生的人格品行更為低下幼稚，這是醜狐之所以凶狠於毛狐的首要原因。

夫妻是一對共伴的心靈

故事說，穆生的家中貧困，連冬天的衣被都沒有。某天夜裡，他遇見了狐狸，跟其他美豔狐仙的故事不同的是，這位狐女又黑又醜，雖然穿著綾羅綢緞，但穆生仍然非常討厭，因此立刻呼救起來。沒想到，狐女竟拿出一錠金元寶放在桌上說：「你若和我好，就把這錠元寶送你。」穆生貪愛金錢，就答應了下來。隔天，他跟妻子說了這件事後，妻子竟然也很高興，沒有絲毫的不悅。可見穆生夫妻兩人的內心鄙陋到了無可附加的地步。

醜狐是作為陰影與阿尼瑪的混合體而存在的，這是為何故事裡的狐女會一反傳統形象，長得又黑又醜的原因。她很清楚穆生的底細，見穆生臉色不悅，直接拿起元寶賄賂穆生，穆生竟然轉嗔為喜，絲毫沒有一點風骨。我常說，夫妻是一對共伴的心靈，這裡又得到了證明。只要有利可圖，穆生之妻也不介意讓丈夫去賣淫。之所以如此，正是因為他們在對方眼裡並沒有真正的價值，亦即都不被當成一個完整的「人」來看待。夫妻對彼此都只是一個「功能」，既然這個功能可以賣，那就拿來賣，最要緊的，是賣一個好價。

醜狐反映穆生的厭女情結

妻子的行為是穆生女性靈魂拙劣的旁證，同時也是他人格貧瘠的佐證。因此當阿尼瑪現身時，才會沾染了陰影的醜惡。這邊要提醒讀者的，是不要誤會所謂的陰影、阿尼瑪與阿尼姆斯、劣勢功能等概念是可以彼此獨立分割的心靈元素。就理論而言，它們都處於潛意識內，因此某些地方常會相互滲透，甚至聯合出現。就以本故事來說，貪欲就是穆生的陰影，狐仙之所以能利誘穆生與他相好，正是看準了此點。

醜狐的黑與醜似也說明了穆生的厭女情結，這個情結在現代愈來愈得到重視。女性地位的增長與獨立刺激著某部分拒絕成長的男性，後者大剌剌地將內心醜陋的阿尼瑪形象給投射出來。對這樣的男人來說，女性似乎只能在聖潔且操勞的母親以及風情萬種的浪女兩者間擇一認同，而當成功自信的未婚女性愈來愈多時，他們貧乏的女性觀因此崩塌，厭女情結也跟著爆發。

正是這分對女性的「厭」，才讓作為阿尼瑪的狐仙長成了這副德性。易言之，醜陋的不是眼前的狐仙，而是穆生內心的女性形象。醜狐對穆生的「買」，以及穆生之妻對丈夫的「賣」，一起說明了穆生的阿尼瑪形象有多低劣。世界是內心的延伸，他厭惡女性，所以連帶著使狐仙都是醜陋的。

然而，醜狐本人卻有情有義，作為潛意識的信差，她屢次疏財幫助穆生一家脫貧，故事裡頭說，才過了一年多，穆生的家煥然一新，家裡也開始蓄養起僕人，如同世家大族一樣。易言之，縱然阿尼瑪沾染了陰影而顯得醜陋，甚至如故事後面將要看到的那樣，顯得有些凶惡。但與阿尼瑪的接觸仍舊有益於穆生個人的轉化與成長，他的富有就是人格漸趨成熟的證明，這是他願意與內在的女性面密集互動帶來的有益結果。

然而，真正的考驗到頭了，成長不能仰賴單方的善意，醜狐帶來的錢愈來愈少，這是躲在贈禮之後的試煉。一如前頭的〈毛狐〉故事，馬天榮必須學會踏實與知足，穆生也必須將厭女心態的投射給收回。當醜狐帶去的金錢漸減時，就是穆生要從以狐仙的本質來認識狐仙的時刻到來之時。除去了外在的條件，我們還能不能用同樣的溫情敬意來看待對方呢？那能傾其本質對人說「你」的人，就能認識「我」。換句話說，穆生的考驗是與醜狐的真實相遇。若要通過這個考驗，他就必須「如其所是」地對待眼前的狐仙。

穆生的成長之路就在此處跌跤。

真正的富有是內在的充盈

我們與阿尼瑪或阿尼姆斯的互動中，有一點至關緊要。那便是透過與他們的互動學會愛的真諦，否則愛永遠只會是投射的代名詞。穆生愛的是那外在於愛的條件，也就是外貌與金錢。他從來不理解醜狐為什麼會來愛自己，也不理解醜狐造訪的原因。若說這個故事是愛的悲劇也無不可，因為他大大地點出了一個心理學的事實：不能愛自己的人，也不能愛他人。穆生的窮困與房間那條破被子幾乎就是他破敗人格的象徵，這樣的人哪怕看似自私，也不能說他就懂得怎麼愛自己。能愛自己的人，他的內心必是充盈的。他不需要提高音量來強迫別人聽從，不需要強詞奪理來證明自己委屈。穆生這樣的人哪怕富裕也是貧窮，因為他不能夠給予。

真正的富有不是擁有較多的人，而是給予較多的人。這難道還需要什麼證明嗎？

我愛你意味著「我愛全部的你」

穆生只想要醜狐的錢，不想要醜狐的人。就好比那些說「我愛你的眼睛」，或「我愛你的才華」的人一樣。真正的愛無法區別分割一個人，好比父母不會只愛孩子胖嘟嘟的小手，他們總是愛孩子的全部。我愛你，只會意味著「我愛全部的你」。你是如其所是的你，是你的本質，你存在的一切。不懂這些的人也不懂愛，而這是與阿尼瑪和阿尼姆斯相遇時的重要功課之一。

我們認清阿尼瑪，認清她是我們內在的靈魂，我們不試著駕馭她，也不讓她所駕馭。我們若是知道我們是自己靈魂的主人，但卻不是一個專斷的主人，那麼我們就能與阿尼瑪和諧共處。而穆生卻是一個專斷的主人，他要錢不要人，所以請來了法師想趕走阿尼瑪。醜狐卻不是省油的燈，她撕下符咒，割了法師的耳朵，讓石頭飛進窗戶裡，砸壞家具器物，嚇得穆生躲在床底下縮成一團。

怪物嘻嘻的象徵

然後她叫來名為嘻嘻的怪物，故事裡形容牠「貓頭狗尾」，滿嘴利齒，緊咬著穆生的腳不放，啃碎骨頭的聲音清脆響亮，痛得他大聲求饒。從女狐的黑醜到怪物嘻嘻外表的四不像，都說明了穆生內在動物性本能非常原始，摻雜了各種陰暗的形象。嘻嘻伏在地上走，咬碎了穆生的腳趾，這種由下而上的恐懼及侵犯性的描述，象徵著一個長期處於分裂狀態的人格所遭遇的痛苦。無來由地恐慌發作最為常見，當事人往往有心悸或心跳加快、出汗、發抖或戰慄、呼吸急促或喘不過氣、胸痛不適、噁心，乃至頭暈昏沉，快要暈倒的感受，同時可能擔心自己快要死掉或發瘋抓狂。它在十分鐘內就會達到痛苦的高峰，女性的發生率高於男性兩倍。其他常見的還包括憂鬱（所帶來的黑洞與被吞噬感）、突如其來的噩夢和無意義（感到被掏空）。

親密關係失敗可能招致內在神聖斷裂

與阿尼瑪的決裂既象徵著親密關係的失敗，也可能會使我們與內在神聖（亦即靈性）產生斷裂。因為不理解愛的真諦的人，就不可能完成個體化。與靈性的斷裂會使人遭遇各種焦慮的侵襲，因為焦慮之源乃是人必死的現實。而與靈性的連繫則使我們能緩解甚至超越它。中國的傳說之所以密集地談到狐仙，而遇見狐仙者多為結過婚的中年人並非偶然，因為中年就是我們與死亡焦慮直面的時刻。發福的體態、退化的體能、失眠的夜晚、長大獨立的孩子與死去的長輩父母，這在在提醒我們，自己將是下一個。

穆生終於答應在十天內湊足六百兩歸還醜狐先前的餽贈，他的家境又回到了從前一無所有的狀態，只有那條破被子還在。過去積累的財富猶如曇花一現，原來他的富足全是假象，當他與內心分手時，就立即被打回原形。花去的金錢又好比買心安的各種宗教捐輸或靈性課程，如果我們是一位失德的人，不論用多少錢都不可能為我們積下什麼功德。重要的不是正信，而是正行。界定我們是誰的並非我們的信念，而是我們的行為。逃避靈性（亦即視宗教與靈性活動為可笑迷信）猶如靈性逃避（亦即藉由宗教與靈性活動逃避現實生活）一樣，都不可取。穆生的遭遇像極了被失敗的親密關係打回原形的現代人。他們拒絕去愛，害怕投入關係，或者利用他人來滿足自己想要有個家的願望，抑或使對方幫忙帶小孩、賺錢養自己。他們看似一切都好，但內在卻寥落不堪。

保持良好界線才能讓新生自我茁壯

在故事的結尾，醜狐找上了鄰村的于某，于某是個老實農夫，很顯然地，傳說在強調于某與穆生的對比。于某在三年裡捐錢買功名，蓋起樓房，家中許多器物都是當時穆生家裡拿過去的。于某的「老實」相較於穆生的「現實」，在個體化的路上顯然走得更長遠。後來于某去世，醜狐還是會不時地造訪，但每次離開，家中的財物都會有所損失。這一段描述頗值得玩味。後來于某之子向醜狐叩頭，請她愛屋及烏，從此醜狐就不再來了。

我們知道，父死子繼意味著傳承，用心理學的話講，就是新舊自我交替的意思。于某在享有名利之後死去，象徵著舊自我的老化凋零，本來人在達到成就頂峰時，就容易面臨新的意義危機。于某之死可以被我們這樣理解。接在老舊自我凋零之後的故事是家中財物的逐漸短少，也就是說，醜狐的持續造訪對新生自我（于某之子）造成很大壓力，何以故？新自我根基不穩，仍缺乏與阿尼瑪及陰影互動的能力。但他終究學會了面對醜狐的勇氣，他的話語中明顯地將醜狐視為母親，而非床伴，這是此傳說裡三個男主角的唯一例外。他視醜狐為母，視自己為醜狐之子，這就為彼此拉開了界線與距離。他不像穆生那樣以法師驅逐醜狐，亦即與陰影和阿尼瑪對抗，而是以名分規範彼此，保持禮貌性的互動。沾染了陰影氣息的阿尼瑪就此罷手，新生自我才有餘裕繼續成長起來。

那些曾經啟發過我們的好書與文章為什麼值得一讀再讀，或者佛教說的「善知識」何以應該經常親近，原因也是相同的。人畢竟是習慣的動物，仰賴環境的線索而展開行動。新生的自我要是沒有受到夠長時間的保護，或者有益的觀念沒有被個人一再地反思或由他人所提醒，很快就會被我們遺忘。

〈毛狐〉與〈醜狐〉故事可說是中國狐仙傳說裡的例外，當中又以醜狐為甚，她不僅沒有公認的美貌，甚至對背棄自己的男人不假辭色，證明她不是一個可以輕易打發的對象。她容貌的醜陋源於當事人內心的醜惡，她對男人的需要，則是男人自身情慾的反射。我們對待狐狸的方式，就是我們內心看待異性的方式，不多也不少。阿尼瑪可以是美豔的，也可以是凶惡的，但若不能與她取得和諧，認清她是我們靈魂的一部分，我們就無法領略愛的意義。愛人或孩子都不是我們的擁有物，他們是獨立的自己，阿尼瑪同樣如此。我們建立並從屬於同一份關係，愛就存在於這樣的關係中。而這樣的關係容我再強調一次，必須建立在兩個獨立的人身上。這就是我們在理解狐仙傳說時應該放在心上的事。

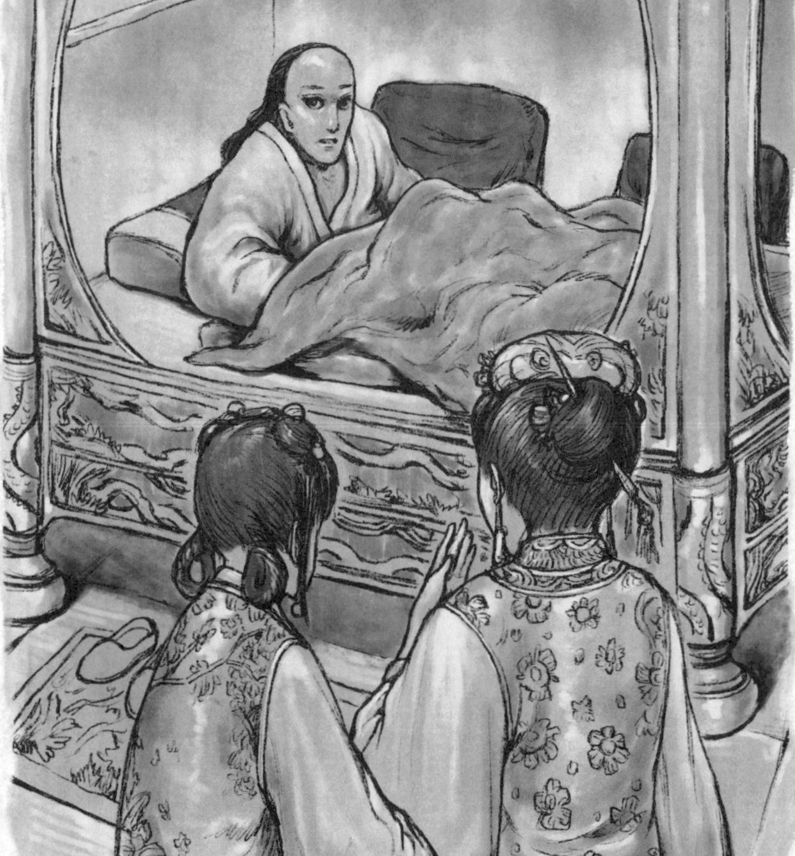

一個丫鬟跑來報告：「公子哎喲著叫起來啦！」只見他咻咻地喘著氣，渾身冒大汗，汗流完後，睜開了兩眼，四下張望。看家裡的人，好像誰都不認識，開口說：「回想過去的事，真像做夢一樣，這是怎麼回事呀？」

四、小翠（中國・《聊齋誌異》）

故事大綱

幼時的王太常有一次在白天臥床休息，忽然間雷電交加，一隻比貓大一點的動物跳上了床，躲在他身邊不肯離開。一會兒雨過天晴，那動物便走了。這時他才發現不是貓，怕得不得了，隔著房間喊他哥哥。兄長聽他講明原委，高興地說：「弟弟將來一定會做大官，這是狐狸來躲避雷劫的。」後來，他果然少年就中了進士，從知縣一直做到監察御史。

王太常有個兒子名叫元豐，是個傻子，十六歲了，還分不清雌雄。就因為傻，鄉裡人誰也不肯把女兒嫁給他。王太常十分發愁。

有一天，有個老婦人領著一個姑娘找上門來，說是願把姑娘嫁給王家做媳婦。那姑娘滿臉帶笑，漂亮得像天上的仙女。王太常全家很高興，問那老婦人姓名，她自稱姓虞，女兒名叫小翠，已經十六歲了。商量聘金時，老婦人說：「這孩子跟著我，吃糟糠還不得一飽。一旦住在這高房大屋裡，有丫頭僕婦供她使喚，有山珍海味給她吃，只要她舒服如意，我就心安了。這又不是賣青菜，還要討價嗎？」王夫人大喜，熱情地招待了她們。老婦人叫女兒拜見王太常夫婦，吩咐道：「這就是妳的公公婆婆，妳得好生侍奉他們。我很忙，先回去三兩天，以後還要來的。」說完出門逕自走了。小翠倒也沒顯出悲傷和依戀不捨的樣子，就在帶來的小箱子裡翻尋花樣，準備做活。王夫人見她大方，心裡很喜歡。過了幾天，老婦人未如約而來。王夫人問小翠家住那裡，她只是露出一副痴憨的樣子，竟不知家住在哪裡。王夫人便收拾了另外一個院子，讓小夫婦完婚。親戚們聽說王太常找了個窮人家的女兒做媳婦，不免暗地嘲笑一番。可是見小翠伶俐漂亮，都大吃一驚，從此就再也不議論什麼了。

小翠很聰明，會看公婆的臉色行事，老夫婦也特別疼愛她，唯恐她嫌元豐傻。小翠卻有說有笑，好像滿不在乎的樣子。只是小翠太愛玩耍，常用布縫成個球踢著玩，一踢就是好幾十步遠，騙元豐跑去拾取。元豐和丫鬟們跑來跑去，往往累得滿身大汗。一天，王太常偶然經過，球從半空中飛來，拍的一聲，正好打在臉上，元豐還傻乎乎地跑過去撿。太常大怒，拿起塊石子投過去，正打中兒子。元豐趴在地上又哭又鬧。王太常回到房裡，將事情的經過告訴夫人，夫人過來斥責了小翠一頓。小翠一點不在意，低頭微笑著，用手指在床沿上畫來畫去。夫人走後，她又照樣胡鬧，把胭脂粉抹在元豐的臉上，塗得五顏六色，像個花面鬼。夫人一見，氣極了，叫小翠來怒罵一頓。小翠靠著桌子玩弄衣帶，不害怕，也不吭聲。夫人無可奈何，只得拿兒子出氣，把元豐打得大哭大叫，小翠這才變了臉色，跪在地上求饒。夫人消了氣，丟下棍子走了出去。

小翠把元豐扶到臥室裡，替他撣掉衣裳上的塵土，用手絹給他擦臉上的淚痕，又拿紅棗、栗子給他吃。元豐止住啼哭，又高興起來。小翠關上房門，把元豐扮做楚霸王，自己穿上豔麗的衣服，腰束得很細，扮成虞姬，姿態輕盈地跳起舞來。有時又把元豐裝扮成沙漠國王，自己頭上插上野雞翎子，手抱琵琶，丁丁錚錚地彈個不停，滿屋子裡充滿了笑聲。一天到晚，總是這樣。王太常因為兒子傻，也就不忍心過分責備、埋怨小翠，即使偶而聽到，也只好裝聾作啞。

與王家同一巷子裡，還住著一位王給諫，中間相隔只十幾家，但王太常和王給諫向來不和。那時正逢官吏考核，王給諫嫉妒王太常做了河南道臺，想找機會暗算。王太常心中很著急，可是想不出對付的辦法來。

一天晚上，王太常睡得很早。小翠穿上大官上朝的服裝，裝扮成吏部尚書的模樣，剪了一些白絲絨做成大鬍子戴上，又叫兩個丫鬟穿上青衣裝成官差，偷偷地從馬棚裡牽出馬來，說是「去拜見王先生」。到了王給諫的大門口，便用馬鞭打丫鬟，說：「我是要看王侍御的，誰要看什麼王給諫啊！」撥轉馬頭就走。到了自家門口，門房以為真的是吏部尚書來了，趕緊跑去稟報。王太常連忙出外迎接，才知道是兒媳婦開了個大玩笑。他氣得臉色發白，一甩袖子回到房裡，對夫人說：「人家正找咱的岔，想整治咱家，這可倒好，媳婦反而鬧出這種醜事，咱家災難臨頭了！」夫人也氣得不得了，跑到小翠房裡，又是訓斥，又是責罵。小翠只是默默地傻笑，並不分辯。打她吧，不忍下手；休掉她吧，又無家可歸。夫婦二人百般悔恨，一宿都沒有睡好。

這時吏部尚書某公正聲勢顯赫，他的穿著打扮和那天小翠裝扮的一模一樣。因此王給諫也以為真是吏部尚書，屢次派人到王太常門口打聽消息。等了半夜，還沒見吏部尚書出來，他懷疑吏部尚書和王太常正在商議機密大事。第二天早朝，王給諫見了王太常，便問道：「昨晚尚書到府上拜訪了吧？」王太常以為他有意譏諷，滿面羞慚，只是低聲含糊地說是。王給諫越發懷疑，從此不敢再暗算王太常，反而極力和他交好。王太常探得內情，暗暗高興，但私下仍叮囑夫人勸小翠以後不要再胡鬧了。小翠也笑著答應下來。

過了一年，朝中首相被免職。恰好有人寫了一封私信給王太常，誤送到王給諫家裡。王給諫大喜，便先託一位和王太常有交情的人，以此為要脅，向他借一萬兩銀子。王太常拒絕了。王給諫又親自上門來談。王太常忙尋找官服，哪知怎麼也找不到了。王給諫等了好一會，以為王太常擺架子，有意怠慢，生氣地正要離開，忽見元豐身穿皇帝的龍袍冠冕，有個女子從門內把他推了出來。王給諫一見嚇了一跳，假意含笑，撫慰公子，把衣冠脫下來，交給從人帶走了。等到王太常趕出來，客人已經走了。

王太常得知緣故，立時嚇暈了，臉色如土，大哭道：「真是禍水啊！闖下這滔天大禍！」說著和夫人拿著棍杖去打小翠。小翠早已知道了，關緊房門，聽憑他們叫罵，全不理睬。王太常見此情景，更是火上澆油，拿起斧子要劈門。這時，小翠在門裡笑著勸公公說：「爹爹不要生氣，有我在，各種刑罰自然由我承擔，定不要您二老受牽連。爹爹要劈死我，這是想殺人滅口嗎？」王太常一聽有道理，這才把斧子扔下。

王給諫回去，果然上奏皇帝，揭發王太常謀反，有龍袍、皇冠為證。皇帝驚訝地打開驗看，原來所謂皇冠是高粱秸子編的，龍袍乃是個破舊的黃布包袱皮。皇帝生氣了，責怪王給諫誣陷好人。又把元豐叫來，一看，原來是個白痴。皇上笑了：「這樣的傻瓜能當皇帝嗎？」就交給法司看管。王給諫又指控王太常家中有妖人。司法官吏把王家的丫鬟僕人拘去審訊，大家都說：「哪有妖人？只有個瘋瘋顛顛的媳婦和一個痴痴呆呆的兒子，整天鬧著玩兒罷了。」左鄰右舍也是這樣講。這件案子才審定了，判王給諫誣告，充軍雲南。從這以後，王太常覺得小翠很不平常，又因為她母親一去不回，就揣度媳婦莫非是個仙女吧！就讓王夫人去詢問。小翠只是笑，一句話也沒說。夫人再三追問，小翠捂著嘴，笑道：「我是玉皇大帝的親生女兒，娘還不知道嗎？」

過了不久，王太常又升了官。這時他已經五十多歲了，經常為沒有孫子而發愁。小翠過門已經三年了，每夜都和元豐分床睡眠。夫人就派人把元豐的床搬走，囑咐他和小翠睡一張床。過了幾天，元豐就找夫人告狀了：「那張床搬走了，怎麼老不歸還？小翠每夜都把腳擱在我肚皮上，壓得我都喘不過氣來！她又愛掐我的大腿……」丫鬟僕婦們聽了都捂著嘴吃吃地笑，夫人連喝帶打地把他趕走了。

一天，小翠在房裡洗澡，元豐見了，要和她同浴。小翠笑著攔阻他，叫他等一下。小翠洗完澡出來，把熱水倒在大甕裡，然後給公子脫衣，和丫鬟扶著他下了甕。公子覺得非常悶熱，大叫著要出來，小翠不聽，又用被子給他蒙上。過了一會兒，沒有聲響了，打開一看已經死去。小翠很坦然地笑著，一點也不驚慌，慢慢地把公子抬出來放在床上，給他擦乾身子，隨後蓋上兩床被子。夫人聽到兒子洗澡給悶死了，嗷嗷哭著跑了來，罵著說：「瘋丫頭，怎麼把我兒子給弄死了！」小翠微微一笑，說：「這樣的傻兒子，還不如沒有！」夫人一聽這話，更是氣得發瘋，用頭去撞小翠。丫鬟們連忙把夫人拉開。正鬧得不可開交，一個丫鬟跑來報告：「公子哎喲著叫起來啦！」只見他咻咻地喘著氣，渾身冒大汗，汗流完後，睜開了兩眼，四下張望。看家裡的人，好像誰都不認識，開口說：「回想過去的事，真像做夢一樣，這是怎麼回事呀？」夫人聽了這話，好像不是出自傻子之口，覺得很奇怪，領著他見丈夫。王太常多方試探，果然不傻了。一家高興得不得了。老倆口又暗暗地叫僕人把原先抬走的床再抬回去，放在原處，鋪好被褥。第二天再去看，被褥一動沒動。從那以後，元豐的痴病再也沒有復發，夫妻二人非常和諧，形影不離。

又過了一年多，王太常被王給諫一黨的人彈劾，罷了官，還要受處分。王太常家中有個廣西巡撫贈送的玉瓶，價值幾千兩銀子，準備拿出來賄賂大官。小翠很愛這花瓶，常拿在手裡玩。一次一不留神掉在地上，摔個粉碎。老倆口正為丟官而煩惱，一聽玉瓶摔碎了，氣上心頭，齊聲責罵小翠。小翠生氣地走出房門，對元豐說：「我在你家幾年，替你家保全的不只一只花瓶，怎麼就這麼不給我一點面子？老實對你說，我不是凡間女子，只因我母親遭受雷劫時，受了你父親的庇護，又因為咱們倆有五年的緣分，這才讓我來到你家，一則是報恩，二則是了卻這一點心願。我在你家不知挨了多少罵，真是數也數不清。我之所以沒走，是咱倆五年緣分未滿。如今我還能待下去嗎？」說罷，小翠氣沖沖地走了出去。元豐追到門外，已經不知去向了。

王太常覺得自己做得過分，但後悔已來不及了。元豐走進房裡，見到小翠用過的脂粉和留下的首飾，睹物思人，不禁嚎啕大哭起來。白天不吃飯，晚上不睡覺，一天天瘦下去。王太常很著急，想趕快為他續娶，以便解除他的悲痛，可是元豐仍不快樂，只是找來一位名畫師，畫了一張小翠的像，每天供奉禱告不已。

這樣差不多過了兩年。一天，元豐偶然因事從外地歸來。在村外的自家花園裡聽到牆內有笑聲，隔著牆望去，看見有兩個姑娘在園中戲耍。只聽得一個姑娘說：「死丫頭，該把妳趕出去！」穿紅衣裙的姑娘說：「這是我家的花園，妳反倒趕我，到底該趕誰呀！」綠衣姑娘說：「真不害羞，不會做媳婦，被人家休了出來，還敢冒認是妳家的花園哩。」紅衣姑娘說：「總比妳這沒有主的老姑娘強得多！」元豐聽聲音很像小翠，便連忙喊她。綠衣姑娘邊走邊說：「我暫時不跟妳爭論，妳的男人來了！」紅衣姑娘走過來，果然是小翠。元豐高興極了，對她說：「兩年不見，妳竟瘦得只剩一把骨頭了。」元豐握著她的手，淚流滿面，把思念之情詳細給她講了。小翠說：「我都知道，只是沒臉再進你家大門。今天跟大姊在這裡遊玩，沒想碰到了你，可見姻緣是逃不掉的。」元豐請她一同回去，小翠不肯；請她留在園中，她答應了。

元豐打發僕人回家回稟夫人。夫人一聽，又驚又喜。走進花園，小翠迎接跪拜。夫人拉著小翠的手臂，老淚縱橫，簡直不能諒解自己，請她一同回去。小翠堅決推辭，不肯答應。夫人因為這花園太荒涼，打算多派些丫鬟僕人來侍奉。小翠說只要原本的兩個丫鬟和一位老僕，夫人就按小翠說的做了，對外人就說是元豐在花園裡養病。每天送給他們食物和日常用品。

小翠常勸元豐另外娶親，元豐不依。過了一年多，小翠的面孔和聲音漸漸和從前不一樣了。把畫像取出來一對，簡直判若兩人。元豐非常奇怪。小翠說：「你看我比以前美嗎？」元豐說：「今天妳美倒是美了，但是跟從前不一樣了。」小翠說：「你這意思是說我老了？」元豐說：「妳才二十幾歲，怎麼會老呢？」小翠笑了笑，把畫像燒了，元豐要去拿，已經變成了灰燼。

一天，小翠對元豐說：「現在雙親都年老了，你又孤零零一個弟兄也沒有，我不會生育，怕要貽誤你們的宗嗣。你還是另娶一房妻子，早晚可以侍奉公婆。」元豐答應了，就向鍾太史家求親。迎親的日子快到了，小翠給新婦做了新的衣服和鞋襪，然後送到鍾家去。新娘進門，她的容貌、言談和舉止，竟跟小翠沒有絲毫差異。元豐很驚訝，到花園去找小翠。小翠已不知去向，丫鬟拿出一塊紅巾說：「娘子回娘家去了，留下這個叫我交給公子。」元豐展開紅巾，上面繫著一塊玉玦。元豐知道她不會再回來了，便帶著丫鬟回去。元豐雖然時刻想念著小翠，幸而見到新娘猶如見到了小翠一樣。

元豐這才明白：和鍾家女兒成親的事，小翠早已料到了，因此她先變成鍾家姑娘的模樣，用以安慰日後自己對她的思念。

故事解析

這則傳說談的主要是狐狸報恩。王太常小時候曾遇過狐狸前來「渡劫」，渡劫是道教的觀念，意思是動物修行到一定程度後，就得接受上天的考驗，以便來到下一個階段。雷劫與火劫是最常見的。在《西遊記》裡，孫悟空向師傅菩提老祖修習長生之術，待他通得法性之後，師傅就提醒他，接著必須提防「三災利害」，也就是天雷、地火與贔風。這是上天用來考驗修行者的方式，看看他們是否有資格獲得永生或位列仙班。故事中的狐狸因為王太常的庇佑而躲過了雷劫，因此哥哥才會預言他日後必會仕途順遂。

動物的報恩

從心理學的角度看，王太常幼時與狐狸的相遇，說明了他和自身動物性本能的關係。狐狸在他的床上依偎著他，王太常也不加驅趕，正是這樣的特質，才使他能順遂地通過現實人生中的各種考驗。動物似乎出於某種本能會與特定的人交好，許多愛狗人士都會觀察到，家中的寵物狗似乎特別願意親近那些家裡也有飼養寵物的朋友。解釋成氣味也好，抑或動物的直覺也罷，但可以推想的是，動物比起人更加親近自然，狐狸又有跨界者的特徵，在自然與人類居所的交界處棲息。狐狸之所以選擇王太常，想來是他身上有某種天真自然的特質，提供了難以言喻的安全感。

動物的報恩是童話或傳說裡很常見的主題，這邊舉幾個例子：日本童話裡，老爺爺因為救了誤入陷阱的白鶴，白鶴變成年輕女子當老夫妻的女兒，以織布賣錢作為回報；浦島太郎因為救了烏龜而被迎去龍宮；春秋時期，隨侯取藥救治路上的大蛇，那蛇後來銜了明珠報答；《聊齋誌異》中也有老虎報恩的故事，名醫殷元禮因為救治了母虎，牠的兩個虎兒子後來以殺死攻擊他的野狼作為回報。故事裡的動物往往被我們視為內在的動物性本能，因此救治受傷的動物指的就是援助內在那些被意識自我或社會化過程中給傷害的事物，故事裡的主角就是因為接納了動物性本能而得到了生命的禮物。動物的報恩遂可被看成心靈的餽遺，我們因此能開展深度，碰觸到內在那些寶貴的東西。

著名的桃太郎傳說也有此類故事的變形，但這裡的動物並沒有受傷，而是以肚子餓的方式在向桃太郎求助。因為飢餓可被我們視為動物本能由於長期遭到漠視而逐漸匱乏與失靈，因此當桃太郎先後餵養小狗、猴子與雉雞的時候，就讓牠們成為了忠心耿耿的助手及同伴。這是他之所以能成功討伐鬼島上的惡鬼——亦即陰影的原因。

此外，新聞上也常見家中的狗與貓保護家中孩童不被蛇咬傷的例子，動物比起人類似乎更為忠誠、更通人性。動物直覺地知道誰是可以信任依託的對象，而比起扭捏做作，人也更自發性地信任那些簡單大方的人。王太常與狐狸的相遇，正是如此。

新舊人格的交替

太常是官名，王太常一名基本上就類似於林主任、張老闆這樣的稱呼。傳說之所以不稱其名，而稱其王太常，就意味著他是一個與人格面具過度靠攏的「成功人士」。雖然他年輕時仕途順利，但人生不會就這樣沒有危機。故事告訴我們，王太常在中年後遇見了兩個麻煩。首先，他唯一的兒子是個傻子，他象徵著王太常未能茁壯成長的新自我；其次，他在朝中面臨敵對派系的攻訐，意味著蠢動的陰影不停騷擾他看似平順的人生。而象徵著內在動物性的狐狸將要在此刻回報他想像不到的禮物。

兒子王元豐因為呆傻，一直無法娶親，誰也不肯把女兒嫁給他。有一天，卻來了個帶著女兒的婦人，主動要把女兒嫁給他。那姑娘愛笑之餘，人又漂亮，王太常夫婦很是歡喜。不僅如此，對方也不要求什麼聘金，住進來沒幾天，夫婦兩人就為小夫妻成婚了。前面提到，父子之間往往有傳承的意涵，雖然這則故事裡的王太常還未去世，但他為兒子婚姻的擔憂當然是由於無法傳宗接代所造成的。易言之，王太常的第一個危機暗示著新舊人格在面臨交替時出現了很大的困難。因此，如何使新自我能夠茁壯成熟，將是他在中年危機時遇到的主要考驗。

換個角度來說，元豐的呆傻也說明他本人在應該長大的年紀卻仍舊幼稚，其發展的遲滯暗示著元豐的意識自我遲遲未能自潛意識中獨立，亦即陽性心靈的委靡。而狐狸此時卻送來了小翠，顯然是別有用意的。故事裡說，小翠很聰明，會看公婆的臉色行事，但是她又常常跟丈夫元豐玩一些孩子的可笑遊戲。這個既聰慧又幼稚的媳婦當然也是狐狸的化身，作為元豐本人的女性靈魂，她的表現既與元豐同步，又領先了元豐許多步。故事似乎在告訴我們，此時的阿尼瑪是陪伴在我們身邊的活潑老師。她矛盾的形象似乎是有意如此。

遊戲的價值與意義

那麼這個老師是怎麼教導學生的呢？——與他玩耍。

她踢了皮球砸在王太常臉上便要元豐去撿，王太常大怒，撿起石子丟在了兒子身上，惹得元豐大哭大鬧。球是陽性能量的象徵，不論中外，踢球都被視為高度競爭性的活動。在中美洲，踢球甚至被視為阿茲特克的重要儀式，球被視為太陽神的象徵，球賽則是白晝與黑暗之間的對抗，球場上的輸家會淪為奴隸，相當殘酷。古馬雅人的球賽同樣聞名，球場大，進球難度也高，輸的一方可能會被殺死獻祭（也可能是勝方，目前還有爭論）。中國的足球古稱「蹴鞠」，目的是用在軍事訓練上，至遲到漢代，踢球已經成為一項非常專業化的運動，不論比賽規則、場地、看臺還是專書都在那時建立了起來。前面已經提過，元豐的呆傻象徵著陽性心靈的委靡，踢球正是為了使元豐能接通陽性能量，從而促使陽性心靈能夠獨立。

孩子的遊戲在心理學中一直有著極重要的價值，透過遊戲，孩子了解了人

維齊洛波奇特利（Huitzilopochtli，南方的蜂鳥），阿茲特克太陽神。右手持矛，左手持盾，一出生就全副武裝，亦是阿茲特克人崇拜的戰神。

■ Telleriano-Remensis手抄本（16世紀），現藏於法國國家圖書館。

際的互動，明白了規則的訂定，更重要的是，遊戲在當中促使內在幻想與外在現實的接觸。所有玩過家家酒的人都能明白，我們是如何藉由小石頭、樹枝，或一切大人瞧不起的玩意兒建構出我們豐富的幻想世界。傳說的價值也是如此，它是現實與幻想的妥協及過渡，允許我們的潛意識能在不脫離現實太遠的情境下進行創造。事實上，我們的創造與變形需求如此強烈，這才使得手機遊戲大行其道，每個人都想要在那虛擬的幻想世界裡擔當某種現實中不會出現的角色，例如魔法師、德魯依、獸人、聖騎士或者忍者刺客等等。小翠就在這個心靈與現實的過渡地帶與元豐互動，為他將來的成熟奠定基礎。

馬雅人當時所踢的球是以橡膠做成，必須穿過這座石環才算得分。牆上雕刻了比賽的過程，可以清楚看見參賽的某一方被割頭獻祭。

■ 來源：維基百科，Kåre Thor Olsen 拍攝（2002年）。

奇琴伊察（Chichen Itza）遺址中擁有馬雅文明最大的球場，長146公尺，寬27公尺，高12公尺。兩方牆上各有一個石環，球員必須以手肘、腰部或膝蓋來運球與進球。

■ 來源：維基百科，Ricardo Navarro 拍攝（2012年）。

作為創造性的模糊地帶，不僅是孩子的遊戲很重要，大人的遊戲，乃至父母與孩子能否共同遊戲也很重要。不懂得遊戲的大人終有一天會被枯燥的現實壓垮；而不願與孩子共同玩耍遊戲、共同歡笑的父母，也會將孩子的心愈推愈遠，讓親子關係的存款停滯不前。當考驗關係的時刻到來時，就會發生親子關係存款不足的問題。因此我建議那些親子溝通上遇見困難的爸媽們，應當多為彼此創造可以共同參與的遊戲，增添關係的存款，才能在需要的時刻取用。沒有什麼是比親子一同歡笑更能化解親子難題的了。

人格面具也需適度發展

接著，小翠又把元豐的臉化成一個五顏六色的花面鬼，中國人說「女為悅己者容」。但化妝不僅是女性的專利，漢代以後許多貴族男子也會化過妝才出門，三國時的魏國尚書何晏就曾被稱做「敷粉何郎」，大名鼎鼎的詩人曹植也是個化妝品的愛好者。到了唐代那就更不用說了，敷粉護唇、染髮乃至頭上簪花都很常見。易言之，化妝是為了讓元豐能夠長出一個適宜的人格面具。對特定人格面具的過度依賴或認同雖然有害，但人格面具的發展不足同樣也會出現問題。看看剛出社會的年輕人就知道了，職場環境大量依賴潛規則，如果無法戴上特定的老練面具，就會有適應不良的問題。

兩老對小翠莫可奈何，兩次都對著元豐出氣，一次是王太常拿石子丟兒子，另一次則是夫人把元豐打得大哭大叫。夫妻對孩子的懲罰，象徵著對他的獨立施加壓力。如果家中太過舒服，孩子就容易失去離家的勇氣。因此這連串的劇情安排既是元豐在成長路上所做的準備，也是王太常夫婦的教養態度正從寬容保護為主的母性原則轉向規範與紀律的父性原則。

阿尼瑪的拿手好戲：誘敵深入

王給諫就住在王太常附近，兩人有隙，前者伺機而動，準備抓他的把柄。而王給諫兩次遇上了小翠的胡鬧也都把她當真。第一次他以為當紅的吏部尚書來夜訪王太常，從此對王太常畢恭畢敬；第二次則是看見元豐穿上了皇冠與龍袍，自認抓到了謀反的把柄，沒想到他呈上皇帝的證據竟然一夕間變成了高粱秸子與破布包。小翠兩次都使王太常化險為夷，甚至幫他除去了政敵。

王給諫是誰？他便是王太常的陰影。他們兩人同姓王，同朝為官，又住同條巷，但作風一明一暗，恰好是一組對比。小翠充分地表現出阿尼瑪的靈活手段。她對付王給諫的手段不是別的，就是阿尼瑪的拿手好戲：誘敵深入、反客為主。她扮成吏部尚書錯訪王給諫後掉頭離去，使王給諫派人在王太常家裡窺伺了整晚，見沒人出來，嚇得認定兩人是在商討機密大事。著名的阿拉伯口傳文學《一千零一夜》裡也出現過這樣的橋段。傳說中的國王山魯雅爾在冒險的過程裡，被一位惡魔所囚禁的美麗女子給脅迫，這位名義上的女奴其實才是真正的主人，惡魔不過是她的玩物。她要脅山魯雅爾與她交歡，結束後還必須留下一枚戒指作為戰利品。山魯雅爾回國後深以為恥，因此殺了自己的王后，變成恐怖的統治者。用心理學的語言來說，山魯雅爾就是在潛入無意識的過程裡，在陰影的背後遇見了阿尼瑪。她使國王深入險境，被捉進惡魔躲藏的洞穴，然後才占有了他。

被排斥的陰影會持續復返

小翠沒有和王給諫硬碰硬，也沒有使出什麼先下手為強的策略，她只是假痴不癲，請君入甕，藉此解決王太常在中年時遇見的生涯危機。她將元豐裝扮成皇帝，故意將他從內室推出來會客，沒想到王給諫帶回去的證物竟然只是一堆垃圾，落得欺君的罪名被發配至雲南充軍。從心理學的角度來看，將元豐扮成皇帝同樣有著接通陽性能量的用意，但他還太過幼稚，不可能真的充得起場面，皇冠龍袍最終變成高粱梗與破布是必然的。王給諫的充軍，便是陰影受貶斥和壓抑的後果，同時也說明王太常還未完全掌握陰影的意義。被排斥的陰影總會持續復返，直到我們真正完成這項功課。

轉化的時機終於到了，元豐想與小翠共浴，小翠卻預先把熱水倒在大甕裡，然後給公子脫衣，將他困在大甕裡蒙上，結果元豐被悶死在裡頭。夫人又哭又罵，小翠卻一派輕鬆說：「這樣的傻兒子，還不如沒有！」正鬧得不可開交，丫鬟卻跑來報告公子甦醒過來了。他好像做了一場夢，醒來後不再呆傻，變得與正常人一樣。王太常多次試他，都是如此。新的自我誕生了！

水與甕的象徵

用這種手法來表達重生是煉金術文獻裡的常見方式，〈哲學家的玫瑰園〉就是一例。它是由十張連續的圖畫所組成，大意是國王與王后一起坐在噴泉裡相擁著死去，兩人結為一體，而後重生為雙性共身人的故事。榮格分析，這詭異的系列畫表明的乃是內在兩極持續有效地碰觸後，從而誕生新自我的過程。國王與王后象徵著陰與陽，也就是人格的對立面，而噴泉就是裝著水的容器。水的部分我們已經說過了，它象徵著潛意識，國王與王后之所以要坐在噴泉裡，意指整合與創造乃是在潛意識中發生。而熱水則更進一步代表了變動中的潛意識，特別是強調它被灌入了陽性的能量。元豐在熱水甕裡死後重生，正是這個過程具體而微的象徵。

甕是圓形的容器，圓所要表達的，乃是一種全體性，它同時也是女性的基本特徵。全體性能化解一切矛盾、停止爭端。同時，容器也是女性的表示，象徵著保護與滋養。但不論是水還是容器，它們都一起象徵著女性，換言之，當元豐被悶在熱水甕裡時，正意指他被安置在女性的子宮裡等待再次出生。而孕育則是女性的變形特徵，因為胎兒在她的腹中逐日增長，經歷了奇妙的變化而成熟。阿尼瑪本身就代表著女性的變形特徵，她會鼓勵男性去創造、挑戰與改變現況，所以與她的相遇過程總是充滿危險。

玫瑰園圖4：沐浴。榮格說這幅圖畫很顯然是對沉入潛意識的描述。王后代表著肉體，而國王代表著精神，雙方藉由靈魂而產生關連。

■《哲學家的玫瑰園》（16世紀），木刻版畫。

玫瑰園圖10：新生。圖中畫的是長著翅膀的雙性共身者，他的右方是太陽月亮樹。榮格以為雙性共身者象徵著全體（wholeness）性，或者稱之為上帝也可以。重點不是名稱，而是其所代表的心理學事實。

■《哲學家的玫瑰園》（16世紀），木刻版畫。

加熱的水象徵著動能，目的要幫助元豐獲取更多的陽性能量。浸泡在水裡是「退行」的過程，意指向潛意識的潛行，神話裡多有航向黑夜大海的描述，其所指的就是這件事。在退行時，我們會感覺失去活力與意義，人生失去目標，所有的建議與鼓舞都失去作用。奧德修斯在大海的迷失，就是人在遇見中年危機後發生退行的暗示。待此過程結束後，元豐看看四周的家人，好像一個都不認識了。他說：「回想過去的事，真像做夢一樣，這是怎麼回事呀？」夫人覺得這不是元豐會講的話，沒想到，元豐竟然成為了一個智力正常的男子。

中年之後，當把心靈能量運用於內外在的整合

然而好景不常，王太常遭到政敵攻訐而罷官，小翠失手摔碎家中珍藏的玉瓶而受到責罵，終於負氣離去。臨走前，小翠才公開了自己的身世：「老實對你說，我不是凡間女子，只因我母親遭受雷劫時，受了你父親的庇護，又因為咱們倆有五年的緣分，這才讓我來到你家，一則是報恩，二則是了卻這一點心願。」原來她是狐狸之女，亦是狐仙。這玉瓶原是王太常要拿去賄賂大官，以求恢復職務之用。小翠在此時摔破玉瓶，暗示著對功名的捨棄，因為外在的成就不應是新生自我的追求。這是一種對現實應保持適度距離的警告。

中年已是多數的我們所能達到人生頂峰的年紀。王太常受小翠之幫助，已三番兩次躲過政敵的誣陷，如今兒子元豐已成了正常人，正是急流勇退的時候。老化的自我雖然得到阿尼瑪的協助而更新，但若繼續將心理能量投注於外在世界，無疑是走錯了路。中年之後，我們的心力應當放在認識與整合過去受壓抑和忽略的那些部分，進行內外在的整合，而非重走舊路。王給諫一黨的彈劾就是陰影的反撲，王太常若以賄賂來重返朝堂，先前的整合努力就會功虧一簣。這是小翠失手打破玉瓶的心理學原因。可惜王太常不明此理，竟將小翠給罵走了。元豐睹物思人，常常心痛哭泣，吃不下也睡不著。失去了阿尼瑪的協助，新生的自我又搖搖欲墜起來。

兩年後的某一天，元豐偶然從外地歸來。在村外的自家花園裡竟聽見了小翠與另名女子的聲音，他急著喊小翠，握住她的手，淚流滿面。原來那是小翠和自己的姊姊在那裡玩耍，她知道元豐的心意，但沒臉回去見公婆。元豐要她回家，小翠不願意，只願意待在這座花園裡。村外象徵著潛意識，自家花園則指著我們內心的「自性」，與象徵著完整的自性相接觸是榮格心理學中最重要的心理事件，也是心理治療的目標。元豐在那裡遇見了內心的阿尼瑪，同時在花園裡住了下來。易言之，自我藉著阿尼瑪尋著了自性，這正是作為引路神的阿尼瑪可以給我們的最大禮物。

花園本是王家的花園，但元豐卻未留心過此處，原來在自家花園裡就住著日夜念想的小翠。阿尼瑪竟與自性如此接近，令人佩服狐仙傳說的巧妙安排。

小翠常勸元豐另外娶妻，元豐只是不聽，她的容貌日漸改變，和畫像中的漸漸不同了起來。後來他不再堅持，聽了小翠的話跟鍾太史的女兒求親，新娘進門後，舉止容貌與聲音竟然與小翠無異，她留下一塊玉玦給元豐，元豐知道她不會再回來了。全家人這才明白，她故意變換容貌，讓自己跟鍾家的女兒一樣，來消弭元豐日後的相思之情。

個體永遠不會完整

玦者，決也。這是古人用來表達心意的隱語，元豐因此知道小翠不會再回來。小翠離開的原因很簡單，因為她不能生育。這回到了〈任氏傳〉中提到的將阿尼瑪外部化的問題。阿尼瑪固然不應被投射在特定的人身上來愛，但也不能因為這樣就拒絕去愛特定的人。元豐與小翠在潛意識的花園裡雖然自在愜意，但每個樂園都有蛇。自性雖是完整與神聖的象徵，但自我卻不應長久耽溺在合一的體驗裡。元豐愛著小翠，不願娶妻。易言之，他選擇愛自己的女性靈魂，拒絕與真正的人建立有意義的連結。

榮格說，個體永遠不會完整，因為整體性只會源於我和你的結合。我要補充說，「我」和「你」不僅是內在意義上的，也是外在意義上的。我們能傾其本質說「你」，才能在他人身上遇見「你」。否則與阿尼瑪認識得再深，也只認識了我自己。元豐則反是，他不明白為何小翠不能生育，因為小翠是他靈魂的一部分，我們無法與自己生下子女。你的孩子不是你的孩子，他是生命本身的子女。生命的獨特性建立在我與你的結合上，所以我們的孩子總是有部分像我，部分像另一半，也有好一部分只會像他自己。與阿尼瑪相遇的最重要功課，就是學會愛的意義。這是小翠之所以不停地要元豐另行娶妻的原因，自我只有離開潛意識，才能關注外在，關注真實。物質世界永遠是有效的，人若要脫離孤立狀態，就必須與他人結合。

過度沉醉在心靈世界，會失去與旁人相處的能力，如果執著於阿尼瑪的內在意義，那麼男人就無法區分現實的女性與內在的阿尼瑪，而其結果之一就是不育。這不僅是生理上的不育，也是心理上的。就前者而言，現實中的女人不會像電玩遊戲裡的人物那樣有雙不成比例的大眼，豐滿誇張的身材，還輕易揮舞著重達八十斤的寶劍。這是阿尼瑪原型擄獲了男人的例子之一，因此他們失去了在真實世界中與異性相處的能力。就後者而言，他們可能表現出病態的感傷與沉醉，由此喪失了精神性的、獨立性的創造。所以小翠才會在故事的結尾與元豐告別。或者精確一點說，是元豐成熟起來的自我注定了與小翠的永別。成長意味著失落，我想在任何情況下都是如此吧！

然而，阿尼瑪不愧是女性的變形特徵，小翠竟能逐步改變外貌，讓自己跟元豐未來的妻子等同起來。那麼我請讀者想想，言行舉止與容貌都一樣的兩個人，究竟是同一人，還是不同人呢？答案是：既是也不是。這個答案看似矛盾，卻是所有生命重要問題的解答。死亡是不是終點？既是也不是。孩子是不是我們的財產？既是也不是。人生是否毫無意義？既是也不是。

阿尼瑪與現實人物的合一

小翠與鍾氏的混同，象徵著阿尼瑪與現實人物的合一。元豐明白了，妻子就是小翠，但也不是小翠。就好比我們愛著的那個人既是我內心情感的投射，也是他自己一樣。於是我們就透過與現實他人的互動，同時在與自己內在的某部分互動著。我們的另一半既是阿尼瑪或阿尼姆斯（也就是「你」）的象徵，也不完全是阿尼瑪或阿尼姆斯的象徵，因為他／她同時也是他／她自己。把握住這一點，我們就可以在「既你且他」的另一半身上同時看見真實的對方以及我們內心的「你」，這不就又是一種遊戲？一種在伴侶關係中出現的「創造性模糊地帶」。

如此一來，小翠的離開就與未曾離開一樣。王太常的中年危機至此結束，他解決了生涯上的困難，也解決了愛的困難。元豐與妻子的結合，象徵著王太常在中年後重新愛上了自己的另一半，理解了愛的意義。他不再需要將阿尼瑪胡亂投射到其他女性身上，也明白了人不能藉由耽溺潛意識或靈性而逃避現實的責任。他的家園與歸宿都在這裡，都在身邊。他曾經一帆風順，但現在到了放下外務、止息名利心的時候。他幼時曾經幫助過的狐狸，在他長大之後回過頭來幫助了他。我以為，狐仙故事之美，盡在小翠！

結語

狐狸在中國傳說裡的美豔與俊秀，無不說明牠們是阿尼瑪或阿尼姆斯的化身。牠們同時又是心靈的信使，遊走在意識與無意識間。既是妖，又是仙；既是人，又是獸，牠的多變迷惑著每個對愛迷惘的人們。

阿尼瑪／阿尼姆斯是我們異性別的靈魂，代表著親密關係中的「你」。我們怎麼對待他，我們內心中的狐狸就怎麼對待我們。因為「我」與「你」並非分立，而是一體。能愛自己的人，才能愛別人。易言之，能愛「我」才能愛「你」。狐狸是妖魅的女神，她容不得我們任意打發，否則她隨時能翻臉不認人，要我們付出慘痛代價。

要當心，不要將她胡亂投射在外界，將之視為一個具體的人；或者將全副心力放在她身上，為之沉迷陶醉。永遠把握狐狸的性質，思索阿尼瑪的把戲。在內心看清她，卻不要保持孤立。那麼狐仙將善盡自己嚮導的責任，引領我們深入黑暗，引領我們建立關係，從而使我們能積極有益地參與這個世界。

傳説裡的心理學—❶變形與狐仙

出　　版／楓樹林出版事業有限公司
地　　址／新北市板橋區信義路163巷3號10樓
郵政劃撥／19907596 楓書坊文化出版社
網　　址／www.maplebook.com.tw
電　　話／02-2957-6096
傳　　真／02-2957-6435
作　　者／鐘穎
企劃編輯／陳依萱
書封設計／許晉維
書封插畫／Jody Tseng
內頁插圖／SmallGwei
校　　對／周佳薇、劉素芬、周季瑩
港澳經銷／泛華發行代理有限公司
定　　價／350元
出版日期／2022年1月

國家圖書館出版品預行編目資料

傳說裡的心理學. 1, 變形與狐仙 / 鐘穎作. -- 初版. -- 新北市 : 楓樹林出版事業有限公司, 2022.01　面；　公分

ISBN 978-986-5572-77-8（平裝）

1. 心理學 2. 通俗作品

170　　110018791